바쁜엄마의 간편요리 ③

웰빙 안주백과

영동대학 조리학과 교수 정 진 구

지구문화
JIGU CULTURE

contents

인기 안주 요리

야채 안주 요리

생선 안주 요리

두부 · 유부 안주 요리

계란 안주 요리

생선회

요리를 시작하기 전의 기초지식 · 85

건어물 안주 요리

육류 안주 요리

초간편 스피드 안주 요리

음주 후에 좋은 식사

인기 안주 요리

무와 삼겹살 조림

1T = 1 Tablespoon(한 큰술)
1t = 1 teaspoon(작은술)

■ 재료(2인분)

무 ··· 1/4개

A

다시 가루 ··· 1T
간장 ··· 1/4컵
청주 ··· 1 1/2T
삼겹살(덩어리) ··· 300g
간장 ··· 적당량
식용유 ··· 1/2T
물 ··· 2 1/2컵

B

팔각 ··· 1/2편
파(푸른 부분) ··· 1개
생강(슬라이스) ··· 25g
간장 ··· 1컵
설탕 ··· 150g
소흥주 ··· 1/2컵
계란 ··· 2개
청경채 ··· 1장
물녹말 ··· 1T

❶ 무를 1/4로 잘라 끓는 물에 넣어 데친다. 이쑤시개가 가볍게 찔릴 정도까지 부드럽게 삶는다.

❷ ①에 A의 조미료를 넣고 약불에서 20~30분간 삶아 간이 배어들게 하여 건져두었다가 식으면 비스듬하게 반으로 자른다.

❸ 5cm×5cm 정도로 자른 삼겹살을 40~50분간 삶고 간장으로 미리 간을 하여, 식용유를 두른 프라이팬에 표면이 노릇노릇해지게 굽는다.

❹ 냄비에 물과 B를 넣어 ③의 삼겹살을 약 30~40분 약불에 삶고, 십자로 칼집을 넣은 삶은 계란을 넣어 5~6분 정도 더 끓여 그대로 간이 배어들게 한다.

❺ ④의 냄비의 끓인 국물로 청경채를 살짝 데쳐, 체에 걸러 놓는다.

❻ 그릇에 삼겹살, ②의 무, 반으로 자른 삶은 계란, 청경채를 담고 물녹말로 걸쭉하게 한 ⑤의 끓인 국물을 끼얹는다.

삶은 무와 오징어

■ **재료(2인분)**

오징어	한 마리
무	$1/2$개
콩깍지	8개
A	
다시	3컵
청주	3T
설탕	$1\,1/2$T
맛술	4T
진간장	4T

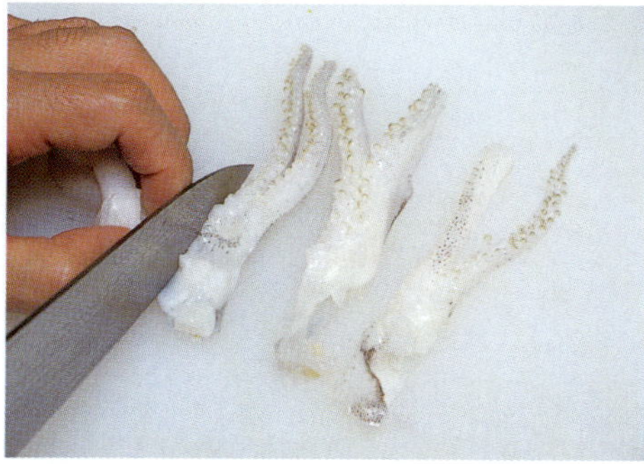

❶ 아래의 [기본 레슨] 요령으로 다리를 손질한다. 오징어 다리를 두 개씩 자른다.

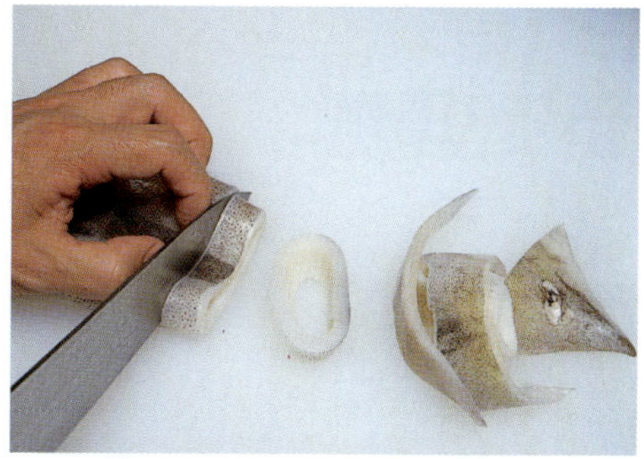

❷ 몸통은 껍질째 큼직하게 통째썰기 한다.

❸ 무는 두껍게 통째 썰거나 반달 모양으로 썬다. 통째썰기할 때는 단면에 십자모양으로 칼집을 넣는다.

❹ 너무 익어서 모양이 뭉개지는 것을 방지하기 위해 모서리 부분을 둥글게 깎는다. 잘린 면의 각을 베어내듯 조금씩 자른다.

❺ 무의 모서리를 둥글려서 미리 데쳐, 흐르는 물에 씻는다. 콩깍지는 심을 떼어 소금을 넣고 살짝 데친다.

❻ 냄비에 미리 데친 무를 넣고, A를 넣어 끓인다.

❼ 종이 덮개를 씌우고 중불로 30분간 끓여서 무에 간이 배어들게 한다.

❽ 도중에 오징어를 넣는다. 국물이 졸아들면 종이 덮개를 빼내고, 국물을 끼얹으며 끓인다. 그릇에 담고 콩깍지를 곁들인다.

step up을 위한 기본레슨

오징어 다리 손질법

재료

오징어	1마리

1

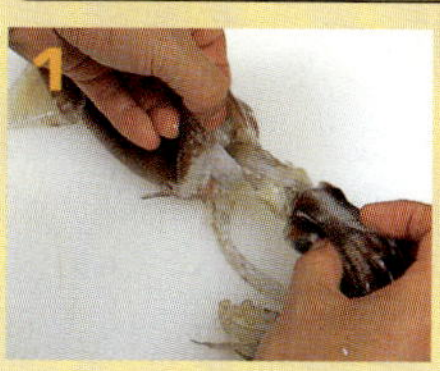

다리와 몸통을 연결하고 있는 연골을 들어 올려 당겨, 내장을 빼낸다. 연골도 함께 떼어낸다.

2

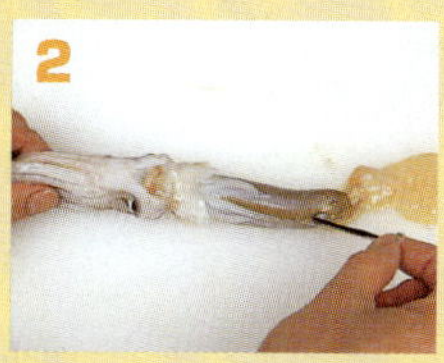

내장에 붙어 있는 먹물 주머니를 손으로 터뜨리지 않도록 떼어낸다.

3

눈 위에 칼을 넣어, 다리 부분과 내장을 잘라 낸다.

4

긴 다리가 두 개 있으므로, 아래 다리를 잘라 가지런히 한다.

5

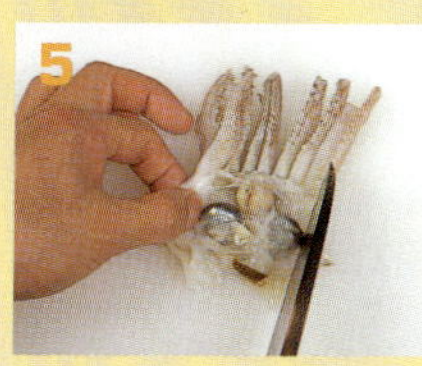

다리를 눈과 눈 사이에서 잘라서 펴, 입과 눈을 떼어낸다.

대합찜

■ 재료(2인분)

대합 ··· 15개

A

청주 ··· 1/4컵

다시 ··· 1/2컵

간장 ··· 약간

산초나무 순 ··· 적당량

❶ 대합은 30분 정도 물에 담가 소금기를 빼고, 껍데기와 껍데기를 문지르며 씻는다.

❷ 냄비에 씻은 대합을 넣고 A를 넣어 끓인다.

❸ 조개가 열리면 간장을 몇 방울 떨어뜨린다. 그릇에 담고 산초나무 순으로 장식한다.

광어 가르파쵸

■ 재료(2인분)

광어(횟감용) ··············· 200g
방울 토마토(적, 황)········· 적당량
루콜라(rucola, 로케트 샐러드)
························· 1봉지
올리브오일 ··················· 3T
케이퍼(caper) ················ 1T
소금, 후추 ················ 약간씩

❶ 루콜라는 뿌리를 잘라, 4cm 길이로 자른다. 방울토마토는 반으로 자르고, 크면 4등분 한다.

❷ 광어는 얇게 포를 떠서 둥근 접시에 담는다.

❸ 광어에 올리브오일, 잘게 썬 케이퍼, 소금, 후추를 섞어 간을 맞춘다. 광어를 겹치지 않게 접시에 놓고, 중앙에 루콜라를 장식하여 담은 다음 그 주변에 방울 토마토를 돌려놓는다. 광어 위에 후추를 뿌린다.

깻잎을 곁들인 닭가슴살 튀김

■ 재료(2인분)

닭가슴살	2개
밀가루	적당량
튀김가루	적당량
매실장아찌(대)	2개
파	1/3개
깻잎	10장
A	
깻잎	2장
가다랭이포(가츠오부시)	약간

❶ 닭가슴살을 밀가루, 튀김가루 순으로 묻혀 170도의 기름에서 3~4분간 튀긴다. 옅은 갈색이 되면, 건져내어 기름을 빼고 식힌다.

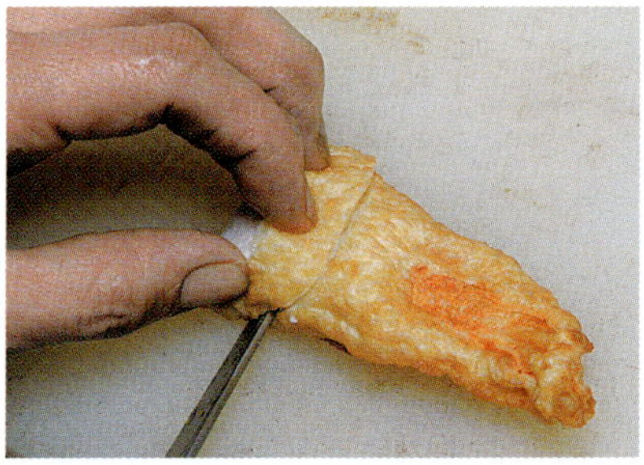

❷ ①을 5~6등분으로 비스듬히 썬다. 매실장아찌의 씨를 빼내고, 가늘게 썬 파와 A를 넣고 칼로 두들겨 매실 다짐을 만든다.

❸ ②의 닭가슴살 양면에 ②의 매실다짐을 바르고, 깻잎으로 싸서 그릇에 담아 완성.

새우 칠리소스 볶음

■ 재료(2인분)

깐새우(중간크기)	20마리
생강	1편
양파, 파	1/2개
녹말가루	2T
소금	1T
화학조미료	약간
설탕	약간
두반장	1T
케첩	2T

❶ 생강, 양파, 파를 다진다. 새우는 녹말가루, 소금, 조미료를 두루 묻혀 한데 섞는다.

❷ 프라이팬에 기름을 넣어 뜨겁게 달군다. ①에서 미리 준비한 새우를 20초 정도 튀겨내어 기름이 빠지게 체에 받쳐 둔다.

❸ 프라이팬에 기름을 두르고 생강, 양파, 파를 넣고 설탕, 두반장, 케첩을 넣어 타지 않도록 끓어오를 때까지 볶는다.

❹ ③에서 만들어진 소스에 새우를 넣고 15초간 센불에 볶아 완성.

베이컨 파말이

■ 재료(꼬치 4개분)

파 ······························ 2쪽
베이컨 ························ 6~7장
소금, 후추 ················ 각 약간씩

❶ 파는 아래쪽 흰 부분을 자른다. 베이컨을 조금 당기며, 파의 아랫부분부터 돌려서 말아나간다.

❷ 거의 다 말았을 때에는 조금 되돌려서 꽉 만다. 다 만 것을 8등분으로 잘라서 4개씩 꼬치에 끼운다.

❸ ②의 양면에 소금, 한쪽 면에 후추를 뿌리고 양면을 굽는다.

파와 소고기 꼬치구이

■ 재료(꼬치 4개분)

소고기(다리살) ················ 120g
파 ···························· $1\frac{1}{2}$쪽
소금, 후추 ···················· 약간씩

❶ 소고기를 한입 크기(15g)로 고기의 두께에 맞춰서 자른다. 파는 고기 크기에 맞춰서 자른다.

❷ 파, 소고기 순으로 두 개씩 끼워 나간다(파의 딱딱한 부분은 가능한 한 한가운데에 꽂도록 한다).

❸ ②의 양면에 소금을 뿌리고, 한쪽 면에 후추를 친다. 소고기와 파를 젓가락으로 돌려가며 양면을 굽는다.

베이컨 피망말이

■ 재료(꼬치 4개분)

피망 ···························· 4개
베이컨 ·························· 8장
소금, 후추 ·················· 약간씩

❶ 피망은 반으로 잘라서, 씨를 뺀다.

❷ 피망에 베이컨 한 장을 조금씩 당겨가며 말아서 베이컨을 만 끝부분에 찌르며 2개씩 끼운다.

❸ ②의 양면에 소금을 뿌리고, 후추는 한쪽 면에만 뿌려 양면을 굽는다.

베이컨 깻잎말이

■ 재료(꼬치 4개분)

깻잎 ·························· 2~3장
베이컨 ························ 7~8장
소금, 후추 ·················· 약간씩

❶ 도마 위에 베이컨을 세로로 6장 빈틈없이 늘어놓고 보는 쪽에서 가장 앞쪽에 베이컨을 가로로 늘어놓고 겹치지 않도록 하여 깻잎을 깐다.

❷ ①을 김밥처럼 앞쪽부터 조금씩 둥글게 만다. 다 만 후에는 고기가 나오지 않도록 가운데로 밀어 넣는다.

❸ ②를 12등분으로 잘라 3개씩 꼬치에 꽂아 양면에 소금, 한쪽 면에 후추를 뿌려 양면을 굽는다.

베이컨 팽이버섯말이

■ **재료**(꼬치 4개분)

베이컨 ··················· 10~11장
팽이버섯 ··················· 120g
소금, 후추 ··············· 각 약간씩

❶ 팽이버섯은 꼭지 부분을 잘라내고, 8등분으로 자른다.

❷ 베이컨에 팽이버섯을 놓고 촘촘히 만다. 반으로 자른다.

❸ ②를 4개씩 꼬치에 꽂는다. 양면에 소금을 뿌리고, 한 면에 후추를 쳐서 양면을 굽는다.

베이컨 토마토말이

■ **재료**(꼬치 4개분)

방울 토마토 ················· 12개
베이컨 ······················ 6장
소금, 후추 ················· 약간씩

❶ 방울 토마토는 꼭지를 따 놓고, 베이컨은 세로로 이등분한다.

❷ 방울 토마토를 베이컨으로 만다. 베이컨을 만 끝부분에 맞추어 3개씩 꼬치에 꽂는다.

❸ ②의 양쪽에 소금을 뿌리고, 후추는 한쪽에만 뿌려 양쪽을 굽는다.

베이컨 꽈리고추말이

■ **재료**(꼬치 4개분)

꽈리고추 ···················· 16개
베이컨 ······················ 4장
소금, 후추 ················· 약간씩

❶ 꽈리고추의 꼭지를 딴다. 베이컨 1장을 4등분으로 자른다. 꽈리고추 한 개를 베이컨 1/4장에 만다.

❷ 작은 꽈리고추는 꼬치의 위와 아랫부분에 큰 꽈리고추는 한가운데 오도록 4개씩 꼬치에 꽂는다.

❸ ②의 양쪽에 소금을 뿌리고, 한 쪽에 후추를 뿌려 양쪽을 굽는다.

닭다리살과 마늘꼬치

■ **재료**(꼬치 4개분)

닭다리살 ··················· 120g
마늘 ························ 8쪽
소금, 후추 ················· 약간씩

❶ 마늘은 껍질을 벗기고, 닭다리살은 한입 크기(15g)로 자른다.

❷ 마늘, 닭다리살 순으로 꼬치에 꽂아 한 부분만 타지 않게 큰 마늘이 한가운데에 오도록 한다.

❸ 양쪽에 소금, 한 쪽에 후추를 뿌린 다음 양쪽을 굽는다.

가자미 튀김

■ 재료(2인분)

가자미 ···················· 2마리
청주, 간장 ··············· 각각 2T
녹말가루 ················· 적당량
튀김기름, 소면 ············ 적당량
단풍색 오로시
(무와 고추를 함께 간 것) ·· 적당량
꽈리고추 ···················· 4개
레몬 ························ 1/3개

튀김용 소스

다시(가다랭이포와 다시마를
넣어 우려낸 국물) ········ 3/4컵
간장, 맛술 ·············· 각각 1T
가다랭이포 ················· 약간

❶ 튀김용 소스를 만든다. 냄비에 조미료를 넣고, 가다랭이포를 넣어서 한소끔 끓여 행주로 거른다.

❷ 가자미를 다섯 장으로 포를 뜨는데 등쪽의 살을 2장, 배 쪽의 살을 2장으로 발라낸다.

❸ 등뼈에 녹말가루를 묻혀서, 꼬치를 꽂아 모양을 만든다. 180도의 기름에 등뼈를 튀긴다.

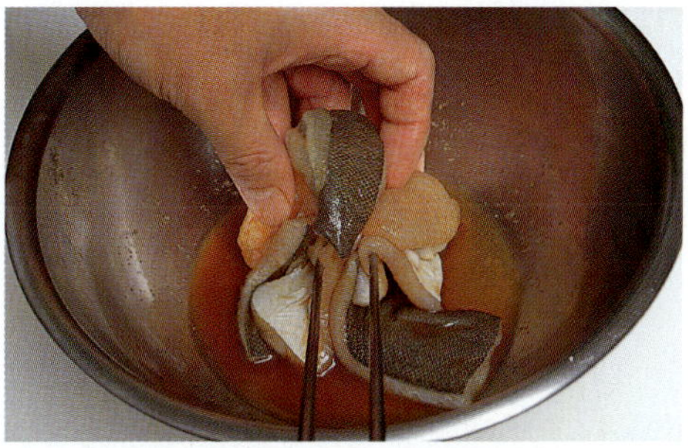

❹ 살은 먹기 쉬운 크기로 잘라 청주, 간장으로 간이 배게 한 후 녹말가루를 묻혀 튀긴다. 꽈리고추는 160도의 기름에 그냥 튀긴다.

❺ 장식용 면튀김을 만든다. 소면을 반으로 잘라 끝부분을 튀김가루로 고정시켜서 180도의 기름에 튀긴다. 엷은 갈색이 되면 튀김이 완성된 것이므로 그릇에 담아낸다.

step up을 위한 기본레슨

가자미 포 뜨기

① 비늘을 벗긴다.(꼬리에서 머리 쪽으로) 칼로 비늘을 긁어낸다. 뒷면도 같은 방법으로 한다.

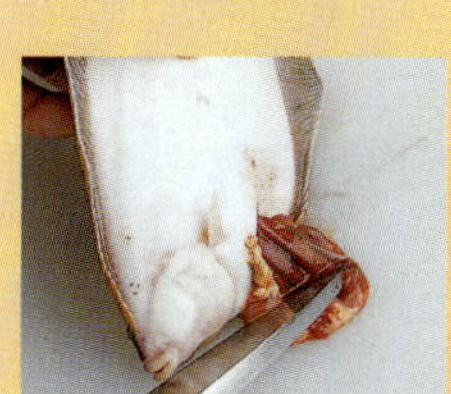

② 가슴지느러미 아래에 칼집을 넣어, 칼날 끝으로 내장을 긁어낸다.

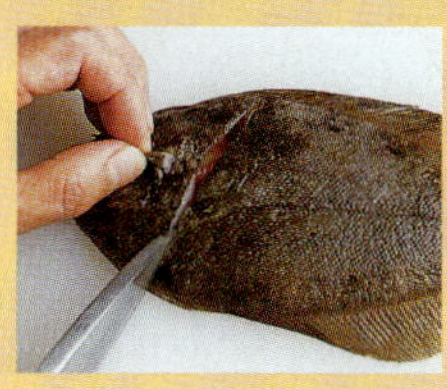

③ 머리와 배 쪽 사이에 칼집을 넣는다.

④ 꼬리와 몸통 사이에 칼집을 넣는다.

⑤ 등뼈를 따라 세로로 칼집을 넣는다.

⑥ 칼집 넣은 곳에 칼을 넣어, 뼈를 따라 살을 발라낸다.

⑦ 반대편도 같은 방법으로 등뼈를 따라 칼로 살을 발라낸다.

⑧ 뒤집어서 같은 방법으로 꼬리에서 머리 쪽으로 칼을 넣어 살을 발라낸다.

⑨ 등뼈를 따라 칼을 넣어, 살을 발라낸다.

⑩ 칼을 비스듬히 넣어, 배의 뼈를 뜨듯이 잘라낸다.

⑪ 다섯 장 뜨기 완성. 총 4장의 가자미 포를 얻을 수 있다.

전갱이 튀김

■ 재료(2인분)

전갱이 ······················ 4마리
소금, 후추 ·············· 각 약간씩
박력분 ····················· 적당량
계란 ························· 1개
생빵가루 ·················· 적당량
겯들임
양배추 ···················· 적당량
오이 ······················ 적당량
토마토 ···················· 적당량
레몬 ······················ 적당량

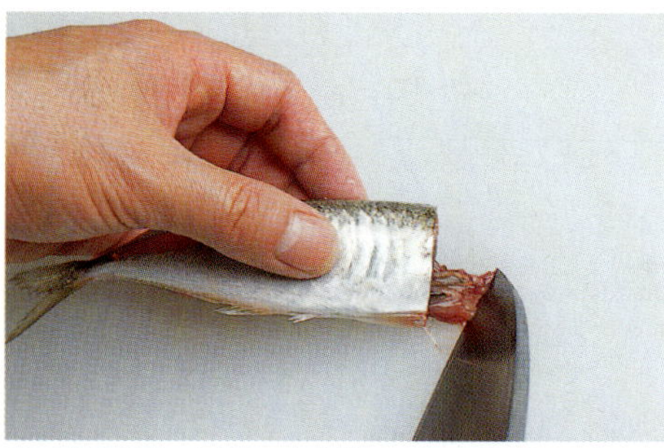

❶ 전갱이의 머리를 잘라내고, 칼로 내장을 꺼낸다.

❷ 등지느러미에서 꼬리까지 칼집을 낸다.

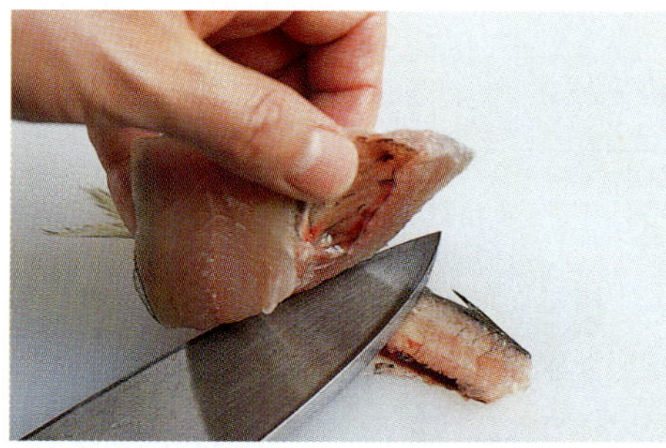

❸ 뒤집어서 살과 등뼈 사이에 칼을 넣어 꼬리쪽으로 등뼈를 따라 자른다.

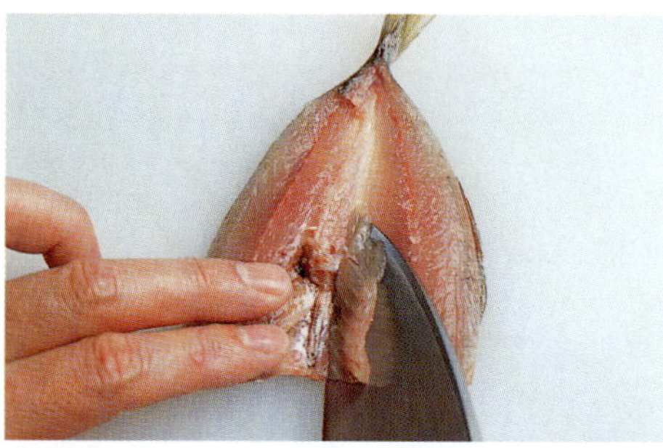

❹ 칼을 뉘어서 배에 붙어있는 뼈와 내장을 제거한다.

❺ 전갱이에 가볍게 소금, 후추를 뿌리고, 박력분을 엷게 묻힌 후 가루는 털어낸다. 계란 푼 것을 묻히고 빵가루를 입힌다.

❻ 180도의 기름에 튀김옷이 엷은 갈색이 될 때까지 바싹 튀긴다. 그릇에 담아 채소를 곁들인다.

방어 양념구이

■ **재료(2인분)**

방어(한 토막 80g) ··········2토막
국화꽃 모양 순무
 (맛술, 설탕, 식초)절임 ·······2개

A
 청주 ·······················1/4컵
 맛술 ·······················1/4컵
 간장 ·······················1/4컵

❶ 방어는 A의 양념장에 30분간 절인다. 전체에 간이 배도록 몇 번 뒤집는다.

❷ 뜨거운 프라이팬에 기름을 두르고 방어를 굽는다. 한쪽 면이 구워지면 뒤집어 굽는다.

❸ 구운 방어에 ①에서 사용했던 양념장을 넣고 윤기가 나게 바짝 조린다. 이때 타지 않도록 불을 조절한다. 국화꽃 모양 순무절임을 곁들여 먹는다.

쇠고기 감자 조림

■ **재료(2인분)**

얇게 썬 쇠고기	100g
감자	2개
양파	1개
당근	$1/2$개
실곤약	100g
참기름	1T
가다랭이포 육수	$1\frac{1}{2}$컵
실파	약간
설탕, 맛술, 청주	각 1T
간장	$1\frac{1}{2}$T

❶ 쇠고기는 한입 크기로 자른다. 감자는 껍질을 벗겨 4등분하고, 양파는 너비 1.5cm의 반달모양으로 자르고, 당근은 작은 크기로 썬다.

❷ 뜨거운 냄비에 참기름을 넣고, 양파가 부드러워질 때까지 중간불로 볶은 후 쇠고기를 넣어 함께 볶는다.

❸ ②에 당근을 넣어 볶다가 감자를 추가해 볶는다.

❹ 가다랭이포 육수를 넣은 후 실곤약을 넣고, 약한 불에 1~2분 조린다.

❺ 설탕, 맛술, 청주를 넣어 거품을 걷어내고 간장 1T을 넣는다. 뚜껑을 덮어 끓인 후 국물이 반 정도 줄면 남은 간장을 둘러 넣어 국물이 거의 없어질 때까지 중간불에서 조린다. 그릇에 담아 잘게 썬 실파를 얹어낸다.

양송이·문어 올리브오일 볶음

■ **재료(2인분)**

양송이 ······ 1/2팩
문어(다리) ······ 2개
마늘 ······ 1쪽
안초비(절인 멸치) ······ 2장
빨간 고추 ······ 1개
올리브오일 ······ 5T
소금 ······ 약간
파슬리(다진 것) ······ 약간
바게트빵 ······ 적당량

❶ 문어는 적당한 크기로 자르고 양송이는 밑동을 떼어내 4등분한다. 마늘, 안초비는 잘게 다지고, 빨간 고추는 씨를 뺀 후 어슷썰기를 한다.

❷ 가열한 프라이팬에 올리브오일, ①, 소금을 차례로 넣고 약한 불에 볶은 후 다진 파슬리를 얹는다. 가볍게 구운 바게트빵을 곁들인다.

참치와 쪽파 무침

■ **재료**(2인분)

참치 ························ 80g
쪽파 ························ 2개
대파(흰부분) ················ 약간
소스
　흰된장 ···················· 40g
　겨자반죽 ·················· 1T
　설탕, 식초 ················ 1T씩

❶ 끓는 물에 소금을 조금 넣고, 쪽파를 데친다.

❷ 데친 쪽파를 4cm 길이로 가지런히 자른다. 대파는 채를 친다.

❸ 참치는 사방 1cm 크기로 깍둑썰기한다(냉동 참치를 사용하는 경우에는 엷게 소금을 뿌려서, 표면에 나온 수분을 닦은 후에 사용한다).

❹ 그릇에 겨자초된장의 재료를 모두 넣고 잘 섞는다.

❺ 쪽파, 참치를 소스로 버무린다. 그릇에 담아 채친 대파를 얹는다.

전갱이 된장무침

■ **재료(2인분)**

전갱이(횟감용)	1마리
대파	적당량
된장	1/2T
간장, 청주	약간씩
실파	적당량

❶ 전갱이는 살을 발라낸 후 껍질을 벗기고, 잘게 다진다. 대파도 다진다.

❷ ①에 된장, 간장, 청주를 넣어 버무린다.

❸ 그릇에 담고, 잘게 썬 실파를 뿌린다.

전갱이 소금구이

■ **재료(2인분)**

전갱이	2마리
꽃소금	약간
건살구	2개
생강줄기	2개
A	
설탕	50g
물	1/4컵

❶ 전갱이는 꼬리에 가까운 옆줄에 한 줄로 늘어선 가시같이 생긴 비늘과 아가미, 내장을 제거하고 깨끗이 물에 씻는다.

❷ ①의 눈 아래쪽부터 꼬치를 꽂아 넣어 등뼈에 휘어서 넣어 살아있는 모양새가 되도록 꼬치에 꽂는다.

❸ 표면에 칼집을 넣고, 지느러미와 꼬리에 꽃소금을 치고, 전체에 소금을 뿌린다.

❹ ③을 오븐에 굽는다. 그 사이에 건살구를 A에 담가 랩에 싸서 찜통에 30분 찐다. 생강줄기와 함께 접시에 담는다.

토마토 모짜렐라 샐러드

■ **재료(2인분)**

토마토 ······························ 1개
모짜렐라 치즈 ······················· 1개
올리브오일 ························· 적당량
소금, 후추 ·························· 약간씩
바질 잎 ····························· 적당량

❶ 토마토는 둥글게 썬다.

❷ 모짜렐라 치즈도 둥글게 썬다.

❸ 토마토와 모짜렐라 치즈를 접시에 켜켜이 놓고 올리브오일을 두른 다음 소금, 후추를 뿌린다. 마지막에 바질 잎을 곁들인다.

치커리 샐러드

■ **재료(2인분)**

미역 ································ 25g
오이 ································ 1/4개
참마 ································ 50g
치커리 ······························ 1/4개
양상추 ······························ 1/4개
보라색 양상추 ························ 2장

A

불고기 양념 (단맛) ················· 1T
식초, 참기름 ······················· 1T씩
간장 ································ 1/2t
고추장 ······························ 1/2t
볶은 참깨 ··························· 1/2t
마늘 간 것 ·························· 1/2쪽
고춧가루 ···························· 약간

❶ A를 그릇에 넣고 거품기로 휘저어 소스를 만든다. 미역은 물에 불려 뜨거운 물에 살짝 데치고 냉수에 담가 식힌다. 물기를 빼내고, 5cm 길이로 자른다.

❷ 오이와 마는 껍질을 깎아, 2mm 정도로 얇게 저민다. 치커리, 보라색 양상추는 먹기 좋은 크기로 찢어 냉수에 7분 정도 담가 둔 후 물기를 뺀다.

❸ 모든 재료에 소량의 소스를 넣고 버무린다. 그릇에 담고 남은 드레싱을 뿌린다.

문어와 김치 무침

■ **재료**(2인분)

데친 문어 ·················· 100g
김치 ······················ 250g
참기름 ······················ 1/2t
참깨 ························ 1/2t

❶ 문어는 먹기 좋은 크기로 썬다.

❷ 김치는 한입 크기로 자른다.

❸ 그릇에 문어, 김치를 넣고 참기름과 참깨를 넣어 버무린다.

시금치 깨무침

■ **재료**(2인분)

시금치 ····················· 100g
참깨 ························ 10g
설탕 ························ 1T
진간장 ······················ 1/3T
다시 ························ 1 1/2T

❶ 시금치는 물에 씻어 소금을 넣은 물에 데친다. 냉수에 담가 식으면 물기를 짜서 4cm 길이로 가지런히 자른다.

❷ 참깨를 냄비에 볶아 양념절구에 간다. 너무 지나치게 갈지 않도록 한다.

❸ ②에 설탕과 진간장을 적당히 섞고 다시를 첨가해 맛과 농도를 조절한다.

❹ ①과 ③을 합쳐서 버무린다.

구운 가지와 닭가슴살 샐러드

■ 재료(2인분)

닭가슴살 ···················· 300g
가지 ························ 4개
실파 ························ 2줄기
파의 흰부분을 채 썬 것 ····· 1개분

A
- 머스터드 ················ 3T
- 흰된장 ·················· 2T
- 마요네즈 ················ 3T
- 설탕 ···················· 2T
- 청주 ···················· 1T

❶ 닭가슴살의 힘줄을 떼고, 물에 삶아 익힌다. 상온에서 식힌 후, 물기를 빼고 손으로 찢는다.

❷ 구워서 껍질을 벗긴 가지를 $1/3$로 길게 자르고 ①의 닭가슴살과 함께 A를 섞어 만든 소스로 버무린다.

❸ ②를 그릇에 담고 송송 썰은 실파와 채 썬 파를 얹는다.

야채 안주 요리

튀긴 가지와 파 간장 무침

■ 재료(2인분)

가지 ························ 3개
고수 ························ 약간

A
- 파 ······················ $1/4$개
- 마늘, 생강 ············· 각 $1/2$쪽
- 빨간 고추 ··············· 1개
- 볶은 참깨 ··············· 1T
- 간장 ···················· 2T
- 참기름 ·················· 1T
- 식초 ···················· $1\,1/2$T

❶ 가지는 세로로 가른다. 껍질에 비스듬하게 작은 칼집을 넣고 대각선으로 2등분 한다.

❷ 파, 마늘, 생강, 빨간 고추는 아주 잘게 다진다.

❸ 가지는 엷은 소금물에 2~3분 담갔다가 물기를 잘 닦아 그대로 튀긴다.

❹ 갓 튀겨낸 가지와 A를 섞은 소스로 무친다.

❺ 접시에 담아 무치고 남은 소스를 끼얹고 고수를 잘라 얹는다.

닭고기를 채운 가지구이

■ 재료(2인분)

가지 ··························· 2개
닭고기(얇게 저민 것) ········· 20g
소금, 청주 ················· 약간씩
파 ··························· 약간
A
　시골된장 ················· 50g
　꿀 ························· 1T
　맛술 ······················ 1/2T
　계란 노른자 ············· 1/2개분

❶ 가지의 중앙에 칼집을 세로로 넣어 170도의 기름에 튀긴다.

❷ 프라이팬에 얇게 저민 닭고기를 넣고 소금, 청주를 넣어 볶는다.

❸ 그릇에 A와 ②를 넣고 섞어 튀긴 가지 사이에 끼운다.

❹ 잘게 썬 파를 ③에 듬뿍 얹어 180도의 오븐에 향이 날 때까지 굽는다.

가지 두반장 볶음

■ 재료(2인분)

가지 ··························· 2개
두반장 ························· 1t
청주 ························· 1/2T
간장 ························ 1 1/2t
참기름 ······················· 약간

❶ 가지는 세로 4등분으로 잘라 껍질에 격자로 칼집을 넣는다.

❷ 뜨거운 프라이팬에 참기름을 두르고 ①을 넣어 볶고 두반장, 청주, 간장을 넣어 더 볶는다.

가지 튀김탕

■ 재료(2인분)

가지 ··························· 2개
무 간 것 ···················· 적당량
생강 간 것 ·················· 적당량
가늘게 썬 김 ················ 적당량
A
　미역 ···················· 적당량
　갈래곰보 ················ 적당량
　양하 ······················· 1개
　실파 ···················· 적당량
B
　다시 ····················· 3/4컵
　맛술 ························ 2T
　간장 ······················ 2/3T
　설탕 ······················ 약간

❶ 가지는 꼭지를 따서 껍질에 칼집을 네 곳에 넣는다. 기름을 170도까지 가열한다.

❷ ①의 기름에 가지를 넣고 1분 정도 튀겨서 기름을 잘 빼낸 후 그릇에 나눠서 담는다. B를 냄비에 넣어서 중불에 올려 튀김다시 400mL를 만든다.

❸ ②의 그릇에 A와 잘게 썬 양하와 실파를 담는다. 데운 B를 위에서부터 끼얹어 무 간 것, 생강 간 것을 올린 다음 잘게 썬 김을 뿌린다.

우엉과 닭가슴살의 마요네즈 무침

■ 재료(2인분)

우엉 …… $^{1}/_{2}$개
닭가슴살 …… 2개
소금, 후추 …… 약간씩
줄콩 …… 5개
A
마요네즈 …… $1\,^{1}/_{2}$T
간장 …… $^{1}/_{2}$t
식초 …… $^{1}/_{3}$t
겨자 …… 약간

❶ 닭가슴살은 소금, 후추를 뿌려 그릴이나 석쇠에 굽고, 식으면 손으로 찢어 둔다.

❷ 우엉은 칼등으로 껍질을 긁어내고 5cm 길이로 자른다. 성냥개비보다 조금 두껍게 자른다. 식촛물(분량 외)에 담근다.

❸ 끓는 물에 ②의 우엉을 넣고 3~4분 데쳐 찬물에 담가 식힌 다음 물기를 뺀다.

❹ 줄콩은 소금에 데쳐, 5cm 길이로 자른다.

❺ 닭가슴살, 우엉, 줄콩에 A를 섞어 만든 소스를 뿌리면서 버무려 그릇에 담는다.

우엉 튀김

■ 재료(2인분)

우엉 …… 1개
소금 …… 약간

❶ 우엉은 비스듬히 얇게 채 썰어, 식초물에 담가 두었다가 물기를 뺀다. 중온(170도)의 기름에 튀겨낸 후 소금을 뿌린다.

닭고기 소보로를 곁들인 토란

■ **재료(2인분)**

토란(대)······················6개

A

- 다시···················$1\frac{1}{2}$컵
- 청주···················$1\frac{2}{3}$T
- 맛술······················2T
- 진간장·····················2T
- 설탕····················$\frac{1}{2}$T
- 줄콩······················2개

소스

- 얇게 저민 닭고기··········40g
- 육수(A에서)·············$\frac{3}{4}$컵
- 설탕····················$\frac{1}{2}$T
- 진간장···················$\frac{1}{2}$T
- 물녹말·················적당량

소보로(생선이나 고기의 살을 삶거나 찐 다음, 잘게 뜯어서 조미한 식품)

❶ 토란은 껍질을 벗겨 삶은 다음 물에 씻어 미끈미끈함을 없앤다. 줄콩은 세로로 갈라 소금물에 데친다.

❷ 토란을 냄비에 넣고, 육수와 청주를 넣어서 끓인다. 끓으면 불을 줄여 거품을 걷어 낸다.

❸ 설탕과 맛술을 넣고 한참 동안 끓이고 겨자간장을 넣는다. 종이 덮개를 덮고 약불에 약 20분간 양념맛이 배도록 끓인다. 끓이는 동안 얇게 저민 닭고기를 냄비에 볶는다. ②의 토란 국물 $\frac{3}{4}$컵을 볶은 닭고기에 조금씩 부어서 소보로로 만든다.

❺ 설탕과 간장으로 간을 하고 물녹말로 걸쭉하게 만든다. 다 끓으면 토란을 그릇에 담아, ④의 닭고기 소보로 소스를 위에서부터 붓고, 줄콩을 곁들인다.

토란 타코야키 고로케

■ **재료(2인분)**

- 토란·························4개
- 가다랭이 다시·············적당량
- 파래·························약간
- 소금, 후추················약간씩
- 문어 다리··················$\frac{1}{4}$개
- 강력분···················적당량
- 계란·························1개
- 빵가루···················적당량
- 양배추·······················약간
- 마요네즈·················적당량
- 돈까스 소스··············적당량

❶ 토란은 껍질을 깎아 가다랭이 다시와 물을 넣은 냄비에 넣고 부드러워질 때까지 삶는다.

❷ 그릇에 삶은 토란과 파래를 넣고 소금, 후추로 맛을 조절하면서 잘 반죽한다.

❸ 랩 위에 ②를 올리고 한입 크기로 자른 문어 다리를 넣어 감싸듯 둥글게 만든다.

❹ ③에 강력분, 푼 계란, 빵가루 순으로 묻혀 180도의 기름에 엷은 갈색이 될 때까지 튀긴다.

❺ 접시에 잘게 썬 양배추를 깔고, 그 위에 ④를 얹어 마요네즈와 돈까스 소스를 뿌린다.

매실을 곁들인 참마

■ 재료(2인분)

참마 ························ 6cm
다시마 ······················ 적당량
청주 ························ 적당량
매실 장아찌(대) ·············· 2개
간장 ························ 적당량
양하 ························ 2개
땅두릅 ······················ 3cm
실파 ························ 적당량

❶ 참마는 껍질을 깎고 3cm 두께로 잘라 물에 담가둔다.

❷ 물기를 뺀 참마를 밧드(Vat)에 나란히 놓고 다시마를 얹고 청주를 뿌린다. 그것을 쪄내어 그대로 식힌다. 매실 장아찌는 강판에 갈아 간장을 넣고 매실 과육을 만든다.

❸ 양하, 땅두릅을 채 썰어 물에 담가둔다. 그릇에 쪄낸 참마를 담고 강판에 갈은 매실 과육을 뿌린다. 그 위에 물기를 뺀 양하와 두릅을 올리고 실파를 뿌린다.

참마 베이컨 말이

■ 재료(2인분)

참마 ························ 5cm
베이컨 ······················ 적당량
마늘가루 ···················· 약간
소금 ························ 약간
로즈마리 ···················· 적당량

❶ 참마는 껍질을 깎아 5cm 길이의 막대 모양으로 자르고 베이컨으로 만다.

❷ 오븐 토스트기에 ①을 넣고, 5~6분간 굽는다.

❸ ②를 그릇에 담고 마늘가루와 소금을 가볍게 뿌리고 로즈마리를 곁들인다.

참마 샐러드

■ 재료(2인분)

참마 ························ 15cm
실파 ························ 4줄기
계란 노른자 ················· 2개분

소스

국수장국(시판품) ············ 1/4컵
물 ·························· 1/4컵
참기름 ······················ 1/2T

❶ 참마는 껍질을 깎아 5cm 길이로 채 썬다. 실파는 잘게 썬다.

❷ 소스 재료를 섞어 둔다. 그릇에 참마를 담고 한가운데를 움푹하게 파서 계란 노른자를 올리고 실파를 뿌린다. 소스를 뿌리고 전체를 섞어서 먹는다.

유채 조림

■ 재료(2인분)

유채 ······ 120g
유부 ······ 1/2장
당근 ······ 10g
A
다시 ······ 3/4컵
청주, 맛술 ······ 각 1t
묽은 간장 ······ 1T

❶ 유채는 물에 씻어 소금을 넣고 데쳐 냉수에 담가둔다. 물기를 짜고 4cm 길이로 가지런히 자른다.

❷ 유부는 기름을 빼서 납작한 직사각형으로 썰고, 당근은 채 썬다.

❸ 냄비에 A와 당근을 넣고 당근이 익을 때까지 끓인다.

❹ 당근이 익으면 유채와 유부를 넣는다. 한 번 팔팔 끓으면 불을 끈 다음 맛이 배어들게 한다.

푸른 채소 볶음

■ 재료(2인분)

유채 ······ 1/2다발
숙주나물 ······ 1/3봉지
당근 ······ 1/2편
소금 ······ 약간
후추 ······ 약간
굴소스 ······ 1T
중화다시가루 ······ 약간
간장 ······ 1t
식용유 ······ 적당량

❶ 유채는 깨끗이 씻어 뿌리를 잘라내고 5cm 길이로 잘라 잎과 줄기로 나눈다.

❷ 숙주나물은 뿌리만 잘라 물로 깨끗이 씻고, 마늘은 채 친다.

❸ 달군 중화냄비에 식용유를 둘러 마늘과 유채줄기를 강한 불에 볶고 숙주나물과 유채잎을 넣고 소금, 후추, 중화다시가루, 굴소스, 간장으로 맛을 낸다.

유채 겨자 무침

■ 재료(2인분)

평지 ······ 1/2묶음
소금 ······ 1/2T
간장 ······ 1T
겨자 ······ 1/2t
다시 ······ 1/4컵

❶ 냄비에 한가득 물을 끓인다. 유채는 씻어서 물기를 빼고, 5cm 정도의 길이로 잘라 소금에 5분 정도 절인다.

❷ ①의 냄비에 유채를 데치고, 찬물에 담가 식힌다.

❸ ②의 유채를 그릇에 넣고, 간장 1/2T를 뿌려서 가볍게 짠다.

❹ 그릇에 겨자를 넣고, 간장 1/2T를 조금씩 더해가며 덩어리가 생기지 않도록 섞는다. 다시를 넣어 ③의 유채를 버무린다.

죽순 조림

■ 재료(2인분)

죽순(小) ·········· 2개(약 300g)
다시 ························ 1컵
설탕 ························ $^{1}/_{2}$T
청주 ························ $^{1}/_{2}$T
간장 ························ $1^{1}/_{3}$T
가다랭이포 ················ 약 3g

❶ 죽순은 먹기 좋은 크기로 자른다.

❷ 끓는 다시물에 죽순을 삶는다. 설탕, 청주, 간장 순으로 넣어 중간 불에 삶는다. 바짝 조려지면 맛을 보고 불을 끈다.

❸ 가다랭이포를 뿌려, 전체에 두루 묻힌 후, 그릇에 담는다.

죽순 데치는 법

❶ 이삭 끝을 비스듬히 잘라 내 세로로 칼집을 넣는다.
❷ 겨자와 고추를 넣은 물에 죽순을 넣고 한 번 끓어오르면, 불을 약하게 줄여 40~60분 정도 더 끓인다.
❸ 가장 두꺼운 부분에 꼬치가 쑥 들어가면 완성. 냄비에 넣은 채로 식혀 껍질을 벗긴 후에 씻어서 요리에 사용한다.

* 삶은 죽순은 냄비에 넣은 채 식히면 떫은 맛이 없어진다. 보관할 때는 물을 한가득 담은 밀폐 용기에 넣어 보관한다. 죽순이 물에 푹 잠기도록 한다. 물에 담그지 않으면 변색된다.

죽순과 정어리

■ 재료(2인분)

죽순(물에 삶은 것) ·· 작은 것 $^{1}/_{4}$개
콘소메 과립(고기육수 과립) ·· 약간
소금 ························ 약간
정어리 ······················ $^{1}/_{2}$캔
후추 ························ 약간
산초나무 순 ················ 적당량

❶ 죽순은 5mm 두께로 자른다. 이삭 끝은 빗모양으로 자른다.

❷ 냄비에 죽순이 잠길 정도로 물을 넣고, 콘소메 과립, 소금을 넣어 10분 정도 약한불에 삶아 간을 본다. 그대로 식힌다.

❸ 접시에 삶은 죽순을 놓고, 그 위에 정어리를 올린다.

❹ 후추를 뿌리고, 산초나무 순 적당량을 장식한다.

만가닥 버섯 볶음

■ **재료(2인분)**

감자 ··········· 1개
만가닥버섯 ··········· 1봉지
버터 ··········· 10g
간장 ··········· 약간
다시 ··········· 약간
실파 ··········· 약간

❶ 감자는 껍질을 벗겨 찜통에 찐다.

❷ 프라이팬에 버터를 넣어 만가닥 버섯을 볶는다.

❸ ②에 다시, 간장으로 간을 한다. ①에 뿌려 잘게 썬 실파를 뿌리면 완성.

무즙·버섯 무침

■ **재료(2인분)**

버섯(잎새버섯, 팽이버섯,
　표고버섯 등) ··········· 150g
무 간것 ··········· 1/2컵
초간장
　감귤주스 ··········· 1/2T
　식초 ··········· 1/2T
　간장 ··········· 1T
실파 ··········· 1T
고춧가루 ··········· 약간

❶ 감귤주스, 식초, 간장을 섞어 초간장을 만들어 둔다.

❷ 버섯은 밑동을 잘라내고 먹기 좋은 크기로 자른다.

❸ 끓는 물에 소금을 조금 넣고 버섯을 데친다. 데친 버섯을 체에 받치고 물기를 짠 후 식힌다.

❹ 가볍게 물기를 뺀 무 간 것을 ③의 버섯에 넣고 살짝 버무려 그릇에 담는다. 실파를 뿌려, 초간장을 뿌린다. 기호에 따라 고춧가루를 뿌린다.

버섯 구이

■ **재료(2인분)**

새송이버섯 ··········· 1자루
표고버섯 ··········· 2장
잎새버섯 ··········· 1/2팩
마늘 ··········· 1/2편
올리브오일 ··········· 2T
레몬즙 ··········· 1/4개분
소금, 후추 ··········· 약간씩

❶ 마늘은 얇게 썰어 중심의 싹을 제거한다.

❷ 프라이팬에 마늘과 올리브오일을 넣는다. 마늘이 약한 갈색이 날 때까지 약한 불에 볶은 후 불을 끈다.

❸ 새송이버섯은 5mm 두께로 자른다. 표고버섯은 대를 떼고 잎새버섯은 먹기 좋은 크기로 자른다.

❹ 그릴이나 석쇠로 ③의 버섯을 굽는다.

❺ 가열한 후 접시에 덜어 ②의 오일, 소금, 후추, 레몬즙을 뿌린다. 식기 전에 낸다.

시금치와 마른새우 볶음

■ 재료(2인분)

시금치 ······ 1/2묶음
마른 새우 ······ 20g
파 ······ 1/5개
마늘 ······ 1쪽
닭육수 ······ 2T
소금 ······ 약간
식용유 ······ 약간

❶ 시금치는 5등분으로 자르고, 마른 새우는 뜨거운 물에 불려 놓는다.

❷ 잘게 다진 파와 마늘을 볶다가 ①의 시금치와 새우를 넣은 후 강한 불에 볶는다.

❸ ②에 닭육수, 소금을 넣고 간을 맞추어 접시에 담는다.

시금치와 베이컨 샐러드

■ 재료(2인분)

시금치 ······ 100g
베이컨 ······ 2장
계란 ······ 1개
방울 토마토 ······ 4개
소스
식초 ······ 1 1/2T
식용유 ······ 1/2T
소금 ······ 약간
후추 ······ 약간
머스터드 소스 ······ 1t

❶ 시금치는 뿌리를 잘라내고 깨끗이 씻는다.

❷ 씻은 시금치를 3cm 정도로 자르고, 베이컨은 1cm 폭으로 자른다.

❸ 소금을 약간 넣은 물에 계란을 삶는다.

❹ 방울 토마토는 꼭지를 떼고 4등분 한다. 재료를 섞어 둔다.

❺ 달군 프라이팬에 기름을 넣지 않고 중간불에 베이컨을 굽는다.

❻ 바삭해지면 불을 끄고 소스를 넣고 살짝 데운다.

❼ 접시에 시금치를 담고, 삶은 계란, 방울 토마토를 담는다.

시금치 무침

■ 재료(2인분)

시금치 ······ 1/2묶음
가다랭이포 ······ 적당량
소금 ······ 1/2T
간장 소스
가다랭이 다시 ······ 2T
간장 ······ 1T

❶ 시금치는 소금을 약간 넣은 끓는 물에 약 2분간 데친다. 다 데치면 재빠르게 찬물에 헹구어 식히고 떫은 맛을 제거한다.

❷ 그릇에 묽은 간장소스를 넣고, 물기를 뺀 시금치를 5분간 담근다.

❸ 맛이 배어들면 가볍게 짜고 4~5cm의 길이로 잘라 그릇에 담고 가다랭이포를 올린다.

양배추 샐러드

■ **재료(2인분)**

양배추 ······ 1/4개
당근 ······ 1/2개
소금 ······ 1/2t
베이컨 ······ 2장
소스
　마요네즈 ······ 1/4컵
　머스터드 소스 ······ 1/2T
　식초 또는 레몬즙 ······ 1/2t
　생크림 ······ 1/2T
　참기름 ······ 1/2t
　소금 ······ 약간

❶ 양배추와 당근은 곱게 채 썰고 소금을 뿌려 10분 정도 두어서 숨을 죽인다. 살짝 물에 씻은 후 물기를 짠다.

❷ 소스의 재료를 섞는다.

❸ 베이컨은 가늘게 잘라 바삭바삭해질 때까지 볶고 ①의 야채에 소스를 넣어 버무린다. 맛을 보고 그릇에 담는다.

야채 튀김

■ **재료(2인분)**

양배추 ······ 1/6개
당근 ······ 1개
양파 ······ 1개
튀김가루 ······ 적당량
튀김기름 ······ 적당량

❶ 양배추, 당근을 채친다.

❷ 양파는 얇게 썰어 둔다.

❸ ①과 ②에 튀김가루를 묻혀서 기름에 튀겨 접시에 담아 완성.

소시지와 브로컬리 볶음

■ **재료(2인분)**

소시지	6개
브로컬리	1포기
마늘	1/2쪽
식용유	1/2T
버터	1/2T
화이트 와인	1 2/3T
소금, 후추	약간씩

❶ 브로컬리는 먹기 좋은 크기로 자르고, 줄기 부분도 먹을 수 있도록 껍질을 벗겨 한입 크기로 자른다. 소금을 넣고 데친 후 찬물에 넣어 식힌다.

❷ 마늘은 잘게 다진다.

❸ 프라이팬에 기름을 넣고 소시지를 굽는다. 색이 나면 접시에 담아 둔다.

❹ 같은 프라이팬에 버터를 넣어 마늘을 볶다가 향이 나면 브로컬리를 넣어 가볍게 볶는다. 화이트 와인, 소금, 후추를 넣는다.

❺ 소시지를 다시 넣고 뚜껑을 덮어 2~3분간 찐다.

브로컬리와 컬리플라워 요구르트 치즈 샐러드

■ **재료**(2인분)

브로컬리 ···················· 80g
컬리플라워 ···················· 80g
토마토 ···················· 1/4개
무가당 요구르트 ···················· 2T
파마산 치즈 ···················· 1T
A
레몬즙 ···················· 1t
소금, 검은 후추 ···················· 약간씩

❶ 브로컬리와 컬리플라워를 한입 크기로 잘라 소금을 넣은 뜨거운 물에 컬리플라워, 브로컬리 순으로 넣어 데친다.

❷ 요구르트와 치즈를 섞은 것에 ①을 넣어 버무린다.

❸ 토마토는 주사위 모양으로 자르고, A를 섞어 소스를 만든다.

❹ ②를 소스에 버무려 그릇에 담고 토마토를 접시에 장식한다.

컬리플라워의 카레 마리네

■ **재료**(2인분)

컬리플라워 ···················· 1/2포기(100g)
마리네 액
식초 ···················· 1/2컵
설탕 ···················· 25g
소금 ···················· 약간
흰후추 ···················· 1/2t
정향 ···················· 1개
월계수잎 ···················· 1장
카레가루 ···················· 1/2T

❶ 컬리플라워는 먹기 좋은 크기로 잘라 식초 1T, 소금 1t(모두 분량 외)를 넣은 뜨거운 물에 무르지 않을 정도로 데쳐서 체에 받쳐 식힌다.

❷ 작은 냄비에 마리네 액을 한 번 끓인 후에 식힌다.

❸ ②에 ①을 넣어 담근다. 냉장고에 넣어 3일 이상 담가두면 더욱 맛이 좋아진다.

쑥갓과 참치뱃살 샐러드

■ **재료**(2인분)

쑥갓 ···················· 1/2묶음
참치뱃살 ···················· 100g
사과 ···················· 1/4개
잣 ···················· 1T
A
참기름 ···················· 1t
간장 ···················· 2t
식초 ···················· 1T
설탕 ···················· 1t
고춧가루 ···················· 약간

❶ 쑥갓은 잎을 딴다. 사과는 은행잎 모양으로 썬다. 잣은 볶는다.

❷ A는 잘 섞어 둔다.

❸ 쑥갓, 사과, 참치를 A와 버무려 접시에 담고 잣을 뿌린다.

숙주나물과 유부 매운 무침

■ 재료(2인분)

숙주나물 ···················· 1/2봉지
유부 ···························· 1/2장
실파 ···························· 2묶음

양념장 재료

온수 ···························· 1T
소금 ···························· 약간
간장 ···························· 1/2T
두반장, 설탕 ·················· 각 1/2t
닭육수가루 ···················· 1/3t

❶ 유부는 가로로 자른 후 길게 채 썰고 실파는 잘게 썬다. 그릇에 양념장의 재료를 섞어 둔다.

❷ 끓는 물에 숙주나물을 10초 정도 데치고 물기를 뺀다.

❸ 실파는 끓는 물에 소금을 조금 넣고 2~3초 데친 후 체에 건져 찬물에 식히고 물기를 뺀다. 유부는 뜨거운 물을 부어, 식힌 후에 물기를 짠다.

❹ 양념장을 섞은 그릇에 유부, 숙주나물, 실파를 넣어 전체를 버무려 그릇에 담는다.

숙주나물 무침

■ 재료(2인분)

콩나물 ·························· 1/2봉지
오이 ······························ 1개
참기름 ···························· 1/2T
간장, 설탕 ······················ 각 1/2t
식초, 소금 ······················ 약간씩
고춧가루 ·························· 약간

❶ 숙주나물은 소금과 식초를 넣은 끓는 물에 살짝 데쳐, 체에 걸러 물기를 뺀다.

❷ 오이는 채를 썬다.

❸ 그릇에 물기를 뺀 숙주나물과 오이, 참기름을 넣고 섞는다.

❹ 간장과 설탕, 소금, 식초, 고춧가루를 넣어 빠르게 버무린다.

매운 오이 무침

■ 재료(2인분)

오이 ······························ 1개
소금 ······························ 1/2T

A

간장, 청주 ······················ 각 1/2T
설탕 ······························ 약간
고추기름 ·························· 약간

❶ 오이는 끝을 잘라 내고, 칼등으로 두들겨 상처를 낸 후 물 1/2컵에 소금 1/2T를 넣은 진한 소금물에 30~40분 담가 둔다.

❷ A의 재료를 그릇에 넣어 모두 잘 섞는다. 고추기름은 기호에 따라 분량을 가감하고 매운 것을 잘 못 먹는 사람이 있을 때에는 참기름을 대용한다.

❸ ①의 오이를 한입 크기로 마구썰기 하고 먹기 직전에 ②의 소스를 넣어 버무린다.

토마토 올리브오일 절임

■ 재료(2인분)

토마토(중) ··················· 2개
양파 ······················ $1/2$개
마리네 액
  설탕 ······················ 1T
  식초 ······················ 2T
  올리브오일(extra virgin) ···· 2T
  레몬즙 ···················· $1/2$t
소금, 검은 후추 ············ 약간씩
바질 잎 ···················· 4장

❶ 토마토는 씻어서 꼭지를 따고 반으로 갈라 5mm 폭으로 얇게 썬다.

❷ 양파는 채칼로 얇게 잘라 물에 담가둔다.

❸ ②를 종이 타올 등으로 확실히 짜서 물기를 뺀다. 그릇에 마리네 액을 한데 섞는다. 단, 올리브오일은 마지막에 조금씩 첨가한다.

❹ 그릇에 ③의 양파를 깔고, ①의 토마토를 나란히 담는다. 소금, 검은 후추를 치고 채 썬 바질을 올려 ③의 마리네 액을 뿌린다.

매실을 곁들인 순무

■ 재료(2인분)

순무 ············ 2개(큰 것은 1개)
소금 ························· 1t
매실 과육(또는 매실 장아찌를
  다진 것) ················· 약 1T
붉은 여뀌 ·················· 약간

❷ 순무는 껍질을 벗겨 반으로 잘라 3mm 두께로 자른다.

❶ 매실 과육이 딱딱할 때에는 약간의 청주로 연하게 한다.

❸ 소금에 10분 정도 절인다. 수분이 나오므로 물에 씻어 짜고 강판에 간 매실로 무친다. 그릇에 담고 붉은 여뀌를 곁들인다.

파드득나물 무침

■ 재료(2인분)

파드득나물	1다발
간장	2T
다시 국물	2T
가다랭이포	적당량

❶ 파드득나물은 잘 씻어 반으로 자른다.

❷ 냄비 한가득 물을 끓여 소금을 넣고 줄기부터 물에 넣어 30초 정도 데친다.

❸ 찬물에 넣었다가 물기를 짜 3cm 폭으로 잘라 그릇에 담는다.

❹ ③에 간장과 다시 국물을 섞어 넣어 무친 후 가다랭이포를 뿌린다.

감자 그라탕

■ 재료(2인분)

감자	200g
버터	15g
마늘(다진 것)	약간
우유	$\frac{3}{4}$컵
생크림	$1\frac{2}{3}$T
소금, 후추	약간씩
파마산 치즈가루	25g
파슬리(잘게 다진 것)	약간

❶ 감자는 껍질을 벗겨 물에 담가 둔다. 5mm 폭의 반달모양으로 썰어 둔다.

❷ 냄비에 버터를 녹여 다진 마늘을 볶아 향을 낸다. 그라탕 접시에 마늘을 발라 두어도 좋다.

❸ 감자를 넣어 표면이 투명해질 때까지 볶는다. 다소 노릇노릇하게 볶는다.

❹ ③에 우유와 생크림을 넣어 감자에 우유가 흡수되도록 끓인다.

❺ 가볍게 소금, 후추로 간을 한다(감자, 고구마 등에 간을 배게 할 때에는 뜨거울 때에 간을 하는 것이 포인트).

❻ ⑤를 그라탕 접시에 옮겨 치즈가루를 뿌려 230도의 오븐에 20~25분 정도 굽는다. 마지막에 파슬리를 뿌린다.

무즙을 곁들인 구운 아스파라거스 무침

■ 재료(2인분)

아스파라거스··················6개
무·························10cm
생강(간 것)··················$1/_2$t
가다랭이 다시 ·················2T
간장·························1T
맛술·························1t

❶ 아스파라거스는 밑동의 딱딱한 부분을 잘라낸다. 강한불에 석쇠를 올리고 아스파라거스를 가끔씩 뒤집으면서 약 4분간 굽는다. 부드러워지면 5cm 길이로 자른다.

❷ 무는 갈아서 체에 걸러 물기를 뺀다. 그릇에 무 간 것, 생강 간 것, 가다랭이 다시, 간장, 맛술을 넣고 아스파라거스를 무친다.

호박 조림

■ 재료(2인분)

단호박·····················200g
설탕························1T
맛술························$1/_2$T
간장························$1\,1/_2$T
다시
　물·······················$1\,1/_2$컵
　다시가루··················$1/_2$t

❶ 호박은 씻어서 칼로 껍질의 돌출 부분만 깍아낸다.

❷ ①을 3~4cm 네모로 잘라 모서리를 둥글게 깎는다.

❸ 냄비에 다시와 단호박을 넣고 강한불에 끓인다.

❹ 끓어 오르면 거품을 걷어내고, 설탕을 넣어 뚜껑을 덮고 약한불에 삶는다.

❺ 꼬치가 통과할 정도로 삶아지면 간장과 맛술을 넣는다.

❻ 국물이 반 이하로 줄 때까지 조린다.

단호박 샐러드

■ 재료(2인분)

단호박·····················120g
마요네즈····················10g
간장························약간
후추························약간
파드득나물잎·················약간

❶ 단호박은 적당한 크기로 잘라 삶는다.

❷ 그릇에 마요네즈, 간장, 후추를 넣어서 섞는다.

❸ 삶은 호박을 ②와 버무려 그릇에 담고 파드득나물잎을 위에 얹는다.

줄콩 참깨무침

■ 재료(2인분)

줄콩 ······ 100g
검은 깨 ······ $1\,^1/_2$T
간장 ······ 1t
설탕 ······ $^1/_3$t
A
물 ······ 1T
다시 가루(과립형) ······ $^1/_3$t

❶ 줄콩은 끓는 물에 3~4분간 데쳐서 찬물에 넣어 식힌 후 물기를 뺀다.

❷ 줄콩은 3cm 길이로 자른다.

❸ 양념절구에 검은 깨를 넣고 반 정도 갈고 설탕을 넣어서 더 간다. 여기에 A와 간장을 넣어 소스를 만든다.

❹ ③에 줄콩을 넣어 버무린다.

잔멸치 볶음

■ 재료(2인분)

꽈리고추 ······ 5개
잔멸치 ······ 15g
간장 ······ 적당량
식용유 ······ 약간

❶ 꽈리고추는 비스듬히 반으로 자른다. 달군 프라이팬에 기름을 두르고 꽈리고추를 살짝 볶는다.

❷ 꽈리고추가 부드러워지면 잔멸치를 넣고 간장을 넣어서 간을 한다.

❸ 잔멸치가 바삭바삭해지면 그릇에 담는다.

고기를 채운 연근 튀김

■ 재료(2인분)

연근 ······ 100g
곱게 갈은 고기 ······ 80g
녹말가루 ······ 적당량
튀김기름 ······ 적당량
모듬 조미료
청주, 간장 ······ $^1/_2$t씩
생강즙 ······ 약간
녹말가루 ······ $^1/_2$t씩
계란 ······ $^1/_3$개

❶ 연근은 껍질을 깎아 5mm 정도의 두께로 자른다.

❷ ①을 식초를 소량 떨어뜨린 물에 넣어 떫은맛이나 쓴맛을 우려낸 후, 그릇에 곱게 갈은 고기와 모듬 조미료를 넣고 잘 섞는다.

❸ 종이타올 등으로 ②에 연근의 물기를 닦아 낸다.

❹ 연근 단면에 녹말가루를 살짝 묻히고 ②의 반죽을 스푼의 뒷면으로 문질러 바르듯 연근 구멍을 채우고 얇게 녹말가루를 묻힌다.

❺ 160도로 가열된 기름에 연근을 넣고 살짝 튀긴다.

닭가슴살과 처빌 실파 무침

■ **재료**(2인분)

닭가슴살 ······ 80g
간을 한 처빌 ······ 40g
무 ······ 50g
양상치 ······ $1/_2$장
실파 ······ 2개
참기름, 간장 ······ 약간씩
무와 고추를 강판에 간 것 ······ 약간

❶ 닭가슴살은 끓는 소금물에 삶아 얼음물에 담가둔다. 물기를 닦아 내고 얇게 썬다.

❷ 간을 한 처빌은 적당히 자르고, 무는 채 썰고 양상치는 손으로 가볍게 찢는다.

❸ 그릇에 ①과 ②를 섞어 참기름, 간장, 무 · 고추 간것으로 버무린다. 그릇에 담아 길게 썬 실파를 올린다.

로즈마리 향을 낸 감자볶음

■ **재료**(2인분)

감자(중) ······ 2개
로즈마리 줄기(소) ······ $1/_2$개
소금, 후추 ······ 적당량

❶ 감자는 잘 씻어서 냄비에 넣고, 감자가 잠길 정도의 물과 소금을 넣고 삶는다. 익으면 물기를 뺀 후 더러워진 부분이 있으면 잘라내고 먹기 좋은 크기로 자른다.

❷ 프라이팬에 로즈마리와 기름을 넣고 약불에 올린다.

❸ 천천히 볶아서 향이 나면 로즈마리를 꺼내고 감자를 넣는다. 중불에서 엷은 갈색이 될 때까지 볶은 다음 소금, 후추로 간을 한다.

당근과 무 샐러드

■ **재료(2인분)**

당근 ······ $^{1}/_{2}$개
무 ······ 50g
소금 ······ 약간
후추 ······ 약간
마요네즈 ······ 약간

❶ 당근은 채 썰어 미리 데쳐 둔다.

❷ 무도 채 썰어 소금을 뿌려 둔다.

❸ 당근, 무는 모두 물기를 빼고 마요네즈로 버무린다.

❹ ③에 후추를 뿌려 간을 조절한다.

양파튀김

■ **재료(2인분)**

양파 ······ $^{1}/_{2}$개
튀김기름 ······ 적당량
소금, 파프리카, 마늘가루,
다시 가루, 간장 ······ 약간씩
튀김옷
물 ······ 2T
계란 ······ $^{1}/_{2}$개
밀가루 ······ 30g
녹말가루 ······ 10g
베이킹파우더
세 손가락으로 한 번 잡은 분량

❶ 양파는 1cm 폭으로 통째썰기를 하여 링 상태로 떼어낸다.

❷ 그릇에 물, 계란을 풀어 밀가루와 녹말가루, 베이킹파우더를 넣어 튀김옷을 만든다.

❸ ②에 옷을 입혀 중간 온도의 기름에 튀긴다.

부추전

■ **재료(2인분)**

부침가루 ······ 2T
찹쌀가루 ······ 2T
물 ······ $^{1}/_{4}$컵
마늘(간 것) ······ 약간
부추 ······ $^{1}/_{2}$다발
식용유 ······ 약간
고추 마요네즈
마요네즈 ······ 2T
고추장 ······ 2t

❶ 그릇에 찹쌀가루와 물을 넣어 섞고 거기에 부침가루와 마늘(다진것)을 넣고 잘 섞는다. 부추는 4cm 길이로 잘라 반죽에 넣는다.

❷ 달군 프라이팬에 기름을 두르고 ①을 적당량 넣어서 지진다. 마요네즈와 고추장을 섞어서 곁들인다.

모짜렐라 치즈를 곁들인 콩과 야채 샐러드

■ 재료(2인분)

그린 아스파라거스, 누에콩, 줄콩, 완두, 콩깍지 등을 합쳐서 ·· 150g
모짜렐라 치즈 ··· 50g
소금, 후추 ··· 적당량

A

식용유 ··· 1T
포도식초 ··· 1/2T
거친 서양겨자 ··· 1/2t
오레가노 ··· 약간

❶ 아스파라거스는 밑동을 2cm 정도 잘라 내고 딱딱한 부분의 껍질을 벗겨 반으로 잘라 소금물에 데친 다음 줄기를 싸고 있는 껍질을 떼어내 3cm 길이로 자른다.

❷ 누에콩은 데쳐서 껍질을 벗긴다. 줄콩, 완두는 심을 떼어내고 데쳐서 3cm 길이로 자른다. 콩깍지는 심을 떼고 소금물에 데친다.

❸ 치즈는 길이 3~4cm, 두께 5~6cm로 썬다.

❹ 그릇에 A를 넣고 섞은 후 야채와 치즈를 넣는다. 소금, 후추로 맛을 조절한다.

야채 샐러드

■ 재료(2인분)

양파 ··· 1/4개
오이 ··· 1/2개
양상치 ··· 1/2다발
깻잎 ··· 4~5장
실파 ··· 3~4개

A

간장 ··· 1 1/2T
식초 ··· 1T
설탕 ··· 1/2T
간 깨 ··· 1/2t
고춧가루 ··· 약간
다진 마늘 ··· 약간
소금 ··· 약간
레몬즙 ··· 약간
맛술 ··· 1/2t
참기름 ··· 1/2t

❶ 양파를 얇게 썰어 물에 담가둔다.

❷ 오이는 세로로 반을 자른다. 양상추, 깻잎, 실파는 한입 크기로 자른다.

❸ A의 재료를 섞어 소스를 만든다.

❹ ②에 ③을 섞어 버무린다.

쐐기풀 샐러드

■ 재료(2인분)

파 ··· 40g
쐐기풀 ··· 60g
고추장 ··· 3T
라유 ··· 1T
맛술 ··· 1 2/3T
다진 마늘 ··· 1t
식초 ··· 1 2/3T
흰깨 ··· 적당량

❶ 파는 채 썰고 쐐기풀을 한입 크기로 잘라 물에 담가둔다.

❷ 고추장, 라유, 맛술, 다진 마늘을 식초로 배합한다.

❸ ①과 ②를 잘 버무린다. 그릇에 담고 흰깨를 뿌린다.

가지 겨자 절임

■ 재료(2인분)

가지 ··························2개
연겨자··························1t
조미료
설탕··························1t
소금··························1t
간장··························1T

❶ 가지는 꼭지를 자르고 세로로 4등분 하여 2cm 길이로 자른다.

❷ 체에 가지를 넣고 소금을 뿌려 가지가 숨이 죽을 때까지 두었다가 물기를 짠다.

❸ 그릇에 연겨자, 간장, 설탕을 잘 섞어 녹인 후 ①의 가지를 넣고 전체를 섞어 3시간 이상 두고 간이 배게 한다.

양배추 절임

■ 재료(2인분)

양배추 ························3장
깻잎 ··························2장
소금··························1/2t

❶ 양배추, 깻잎은 5mm 폭으로 자른다.

❷ 양배추, 깻잎은 소금에 30분 정도 절였다가 물에 씻고 꼭 짠다.

❸ 깻잎과 양배추를 섞어 그릇에 담는다.

쐐기풀 즉석 절임

■ 재료(2인분)

쐐기풀 ·····················1다발
소금··························1/2t
붉은 고추····················2개

❶ 쐐기풀을 흐르는 물에 씻고 소금으로 비벼 소금이 전체에 배어들 때까지 30분 정도 둔다.

❷ 전체가 숨이 죽으면 물기를 짜, 4~5cm 폭으로 자른다.

❸ 세로로 통째썰기를 한 붉은 고추를 섞는다. 깨를 뿌려 맛을 돋울 수 있다.

가지 절임

■ **재료**(2인분)

가지 ···························2개
소금 ························적당량
가다랭이포 ····················4g
간장 ···························1T

❶ 가지를 5mm 두께의 반달 모양으로 잘라, 물에 담가 떫은 맛을 뺀다.

❷ 떫은 맛을 뺀 가지의 물기를 잘 빼서 짜지 않도록 소금으로 간을 조절하며 무친다.

❸ 그릇에 담아 가다랭이포(멸치, 정어리, 뱅어 등의 치어를 말린 것과 파를 넣어도 됨)를 얹은 다음 간장을 둘러 뿌린다.

오이 당근 절임

■ **재료**(2인분)

오이 ···························2개
당근 ···························40g
소금 ···························1/2t
들깨 ···························1/2T
생강즙 ·························1/4t
청주 ···························1/2t
간장 ···························1/4t

❶ 오이는 얇고 둥글게 썰고 당근은 얇게 은행잎 모양으로 썰어 소금을 뿌리고 손으로 비벼 짠다.

❷ 들깨, 생강즙, 청주, 간장을 넣어 무치고, 냉장고에 식히면 완성.

생선 안주 요리

유자향의 양념장에 담가 구워낸 쥐노래미 양념구이

■ 재료(2인분)

청주	1T
맛술	1T
간장	2T
쥐노래미	2토막
유자	약간
무 간 것	50g

❶ 냄비에 청주와 맛술을 넣고 펄펄 끓인다. 거기에 간장을 넣고 거품을 걷어내며 약한불에 바짝 조린다.

❷ 물기를 제거한 쥐노래미에 ①과 얇게 저민 유자를 뿌려 아래 위를 뒤집어가며 40분간 둔다.

❸ 그릴에 ②쥐노래미의 양면을 굽는다. 윗면에 양념장을 두 번 정도 발라 구워낸 후 그릇에 담아 무 간 것을 곁들인다.

■ **재료(2인분)**

홍살치 ···················· 2마리
땅두릅 ···················· $1/2$개
산초나무 순 ················ 적당량

A

물 ························ $3/4$컵
청주 ······················ $3/4$컵
설탕 ······················ $1\frac{1}{2}$T
맛술 ······················ 3T
진간장 ···················· 3T

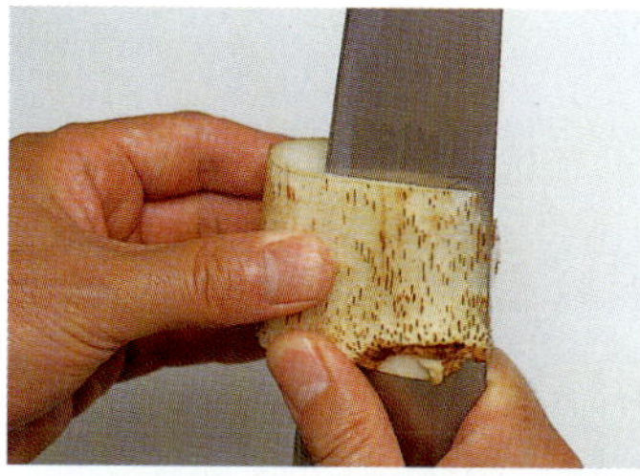

❶ 땅두릅은 5cm 길이로 잘라 껍질을 벗긴다. 땅두릅을 물에 담가 떫은맛을 없앤다.

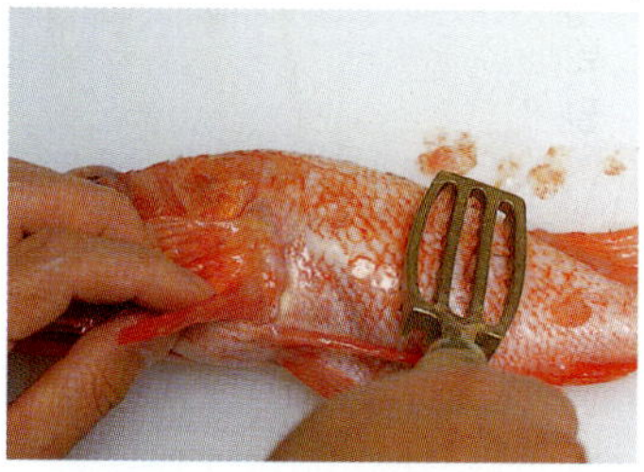

❷ 홍살치는 비늘, 아가미, 내장을 제거하고 물에 씻어 살의 검붉은 부분과 비늘을 깨끗이 씻어낸다.

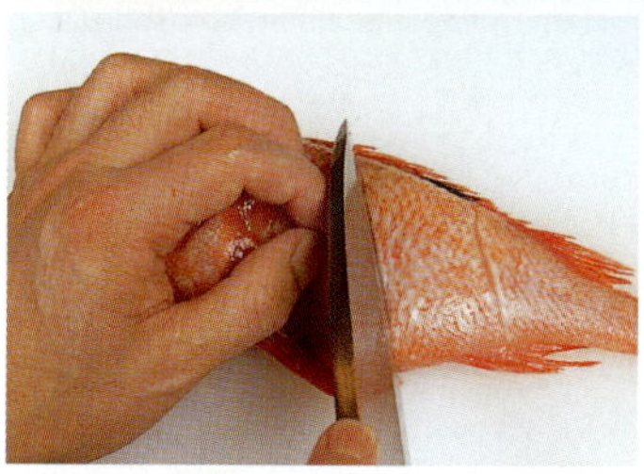

❸ 홍살치에 간이 잘 배도록 윗면이 되는 쪽에 2개의 칼집을 넣는다.

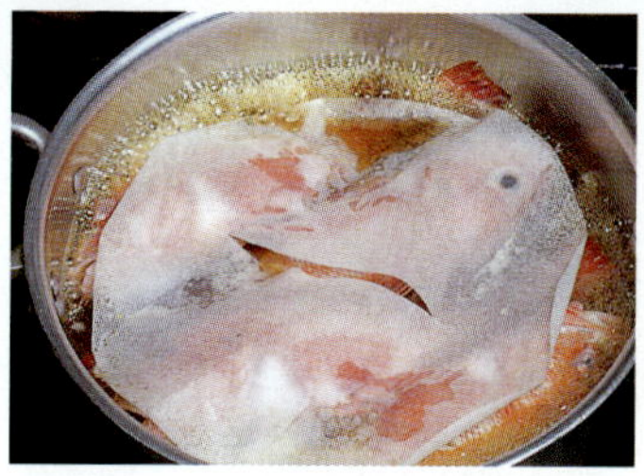

❹ 냄비에 A를 끓여서 홍살치 칼집 넣은 부위를 위로 해 놓고 종이 덮개를 덮어 중불에 끓이다가 도중에 땅두릅을 넣는다.

❺ 끓인 국물이 줄어들면 종이 덮개를 걷어내고, 국물을 끼얹어 가며 끓여낸다. 그릇에 담아 땅두릅과 산초나무 순을 곁들인다.

도미 머리 조림

■ **재료(2인분)**

도미 머리 ·················· 1개
우엉 ·········· 1개(가는 것은 2개)
산초 순 ···················· 4장
식초물 ···················· 약간

A

간장 ······················ 3T
청주 ······················ 2T
맛술 ······················ 2T
설탕 ······················ 2t

❶ 우엉은 껍질을 깎아내고, 5cm 폭으로 잘라(두꺼운 것은 세로 반으로 잘라), 식초물에 담근다.

❷ 냄비에 물을 끓인 후 도미 머리를 넣고 10초 정도 후에 꺼내 물에 담가 피, 비늘을 깨끗이 씻어낸다.

❸ 냄비에 도미 머리, 우엉, 물 2컵을 넣고 끓인다. A를 넣고 끓어오르면 거품을 걷어낸다.

❹ 알루미늄 호일을 냄비에 들어갈 정도의 크기로 잘라 주름을 조금 잡아 뚜껑 대신 생선 위에 덮는다. 약한 불에 약 30분간 맛이 배어들 때까지 바짝 조린다.

❺ 그릇에 담고 산초나무 순을 올린다.

크림소스를 곁들인 흰살생선 포도주찜

■ 재료(2인분)

흰살생선(참돔, 농어 등)	2토막
조개관자	2개
크레송(잎 부분만)	1/2다발
양파	소량
버터	1T
화이트 와인	4T
생크림	4T
파슬리 다진 것	1/2T
레몬즙	2~3방울
소금, 후추	약간씩

❶ 흰살생선은 껍질과 뼈를 발라내고 소금, 후추를 뿌린다.

❷ 조개관자는 1cm 정도로 네모나게 잘라 소금, 후추를 뿌린다.

❸ 크레송은 1cm 폭으로 자르고 양파는 잘게 다진다.

❹ 냄비 바닥에 버터를 발라 양파를 넣고 그 위에 생선을 놓는다. 백포도주를 넣고, 뚜껑을 덮어 불에 올린다.

❺ 끓어오르면 불을 약하게 줄이고 5분간 쪄서 덮개를 열고 생선을 접시에 담는다.

❻ 냄비에 남은 국물을 강한불에 반으로 조리고, 생크림을 넣는다. 거기에 가리비를 살짝 데친 다음 크레송, 파슬리를 넣고 레몬즙, 소금, 후추로 간을 조절한다.

❼ ⑤의 생선에 ⑥의 소스를 끼얹는다.

생선 튀김

■ **재료(2인분)**

흰살생선 ······ 2토막
소금, 후추 ······ 약간씩
녹말가루 ······ 적당량
튀김기름 ······ 적당량
녹말소스
  물 ······ $\frac{1}{2}$컵
  식초, 설탕 ······ 각 1T
  간장 ······ $1\frac{1}{2}$T
  물녹말 ······ 1T

❶ 흰살생선은 먹기 좋은 크기로 잘라 소금, 후추를 뿌리고 녹말가루를 묻혀서 중간 온도의 기름에 튀긴다.

❷ 냄비에 녹말소스의 재료를 넣고 가열하여 물녹말을 넣어서 걸쭉하게 만들어 ①에 끼얹는다.

가다랭이 조림

■ **재료(2인분)**

가다랭이 ······ $\frac{1}{4}$마리
생강 ······ 1쪽
A
  간장 ······ $1\frac{2}{3}$T
  청주 ······ $1\frac{2}{3}$T
  설탕 ······ 1T

❶ 가다랭이는 2cm로 자른다.

❷ 생강은 껍질을 벗겨 채 썬다.

❸ 냄비에 가다랭이가 듬뿍 잠길 정도의 물과 A를 넣고 펄펄 끓이고 가다랭이, 생강을 넣고 약하다 싶은 중간 불에 거품을 걷어 내며 물기가 없어질 때까지 조린다.

유채와 가다랭이 조림

■ **재료(2인분)**

유채 ······ $\frac{1}{2}$묶음
가다랭이(횟감용으로 길쭉하게 자른 덩어리) ······ 100g
생강 ······ 5g
다시 ······ 1컵
청주 ······ 1T
간장 ······ 1T
맛술 ······ 1T
물녹말(녹말가루 : 물 = 1 : 2) ······ 1T

❶ 유채는 밑동에 십자로 칼집을 넣고 소금물에 데쳐 찬물에 담가 식힌 후 물기를 짜고 3cm 길이로 자른다.

❷ 가다랭이는 1cm 두께로 자른다. 생강은 껍질을 벗겨 반은 곱게 채 썰고 나머지는 다진다.

❸ 냄비에 다시와 조미료, 다진 생강을 넣고 끓어오르면 ②의 가다랭이를 넣는다. 다시 한 번 끓어오르면 거품을 걷어내고 ①의 유채를 넣어 살짝 데친 후 물녹말로 걸쭉하게 한다.

가자미 조림

■ 재료(2인분)

가자미 ···················· 2토막
생강 얇게 썬 것 ·············· 1장
무 간 것 ················· 1/2컵

A
- 다시 ················ 1 1/4컵
- 간장 ················ 1 1/2T
- 청주 ·················· 1T
- 설탕 ················· 1/2T

❶ 가자미는 비늘을 긁어내고, 내장을 씻어낸 후 칼집을 넣는다.

❷ 냄비에 A의 재료를 넣고 끓인 후 생강, 가자미를 넣고 거품을 걷어내고 무 간 것을 넣는다.

❸ 뚜껑을 덮고 15분간 끓인 후 거품을 다시 걷어내고 그릇에 담는다.

가자미 찜

■ 재료(2인분)

가자미 ···················· 1마리
파 ······················ 1/2개
당근 ····················· 40g
셀러리 ··················· 1/2개

모듬 조미료
- 청주 ················ 1 1/2T
- 소금 ·················· 약간
- 후추 ·················· 약간

소스
- 청주 ·················· 1T
- 간장 ·················· 2T
- 설탕 ·················· 2t
- 후추 ·················· 약간
- 닭육수 ················· 1컵

물녹말
- 녹말가루 ················ 1T
- 물 ················· 1 1/2T
- 참기름 ················· 2t

❶ 가자미는 비늘과 내장을 떼어내어 표면에 십자 모양의 칼집을 넣고 내열 용기에 담는다.

❷ 파, 당근, 셀러리는 각각 7cm 정도로 채 썰어 가자미 위에 올린다.

❸ 모듬 조미료를 ②의 위에 올려 랩을 씌워 전자렌지에 8분간 가열하여 접시에 담는다.

❹ 다른 내열 용기에 소스의 재료를 섞은 다음, 랩을 씌워 3분 동안 가열한 후 뜨거울 때 물에 푼 녹말가루를 섞어 참기름을 넣고 가자미 위에 끼얹는다.

가자미 조림

■ 재료(2인분)

가자미 ·····················2토막
생강 ·························10g
산초나무 순 ················적당량
소스
물 ························$1/2$컵
청주 ······················$1/2$컵
설탕 ························2T
맛술 ······················$1/4$컵
진간장 ······················3T

❶ 가자미 토막에 칼집을 넣고, 생강은 껍질을 벗겨 얇게 썬다.

❷ 가자미를 뜨거운 물에 2~3분간 데쳐 점액이나 나쁜 냄새를 없앤다.

❸ ②를 물에 담가 비늘이나 검은 부분을 씻어내고 물기를 털어낸다.

❹ 냄비에 소스의 재료를 넣고 끓어오르면 ③과 생강을 넣고 뚜껑을 덮어 끓인다.

❺ 국자로 끓인 국물을 끼얹으며 끓여낸다. 그릇에 담고 산초나무 순을 장식한다.

무를 갈아서 곁들인 꽁치 튀김

■ 재료(2인분)

꽁치 ·······················2마리
무 ························$1/4$개
실파 ·························2개
생강 ······················$1/2$쪽
청주 ·························3T
설탕 ·························2T
간장 ·························3T
소금 ························$1/4$t
밀가루, 튀김기름 ··········적당량

❶ 꽁치는 머리와 꼬리를 잘라내고, 칼끝으로 내장을 꺼내어 물로 씻어서 4등분한다.

❷ 체 위에 꽁치를 올리고 소금을 뿌려서 30분 정도 둔다.

❸ 생강은 얇게 썰고, 실파는 송송 썰고, 무는 껍질을 깎아 강판에 간다.

❹ 꽁치는 물기를 닦아 내고 밀가루를 묻혀 170도의 기름에 튀긴다.

❺ 냄비에 청주, 간장, 설탕, 물 2컵을 넣어 한 번 끓어오르면 얇게 썬 생강을 넣는다.

❻ 꽁치를 넣고 다시 한 번 끓어오르면 불을 줄이고 뚜껑을 덮어 15분 정도 바짝 조린다.

❼ 끓인 국물의 양이 $1/2$이 되면, 뚜껑을 열고 냄비를 흔들면서 끓인 국물을 얹는다.

꽁치 구이

■ 재료(2인분)

꽁치 ·······················2마리
흰 깨 ······················$1/2$T
파된장
보리된장 ·················$1\frac{1}{2}$T
청주 ·····················$1\frac{1}{2}$T
맛술 ·························1T
생강 ······················$1/2$T
파 다진 것 ···············$1\frac{1}{2}$T
마늘 다진 것 ··············$1/2$t

❶ 꽁치는 3조각으로 잘라 살을 2등분하고, 창자를 한 마리 분만 놓아 둔다.

❷ 파된장의 재료를 한데 섞어 ①에 놓아둔 창자를 넣고 섞는다.

❸ 사각쟁반에 알루미늄 호일을 깔고 얇게 기름을 발라 ①의 꽁치의 살 부분을 위로해 놓고 ②의 된장을 올려 오븐 토스터에 6~7분 동안 굽는다.

정어리 깻잎말이 튀김

■ 재료(2인분)

정어리 ····· 2마리
깻잎 ····· 2장
파 ····· 20g
생강, 간장 ····· 약간씩
튀김옷 ····· 적당량

❶ 정어리를 석 장 뜨기로 잘라 약 5mm 간격으로 정어리 껍질에 칼집을 넣는다.

❷ 생강을 갈아 간장에 넣고 ①을 4~5분간 담근다.

❸ 파는 5cm로, 깻잎은 반으로 자른다. ②의 물기를 가볍게 닦아내고, 정어리 껍질을 아래로 하여 깻잎과 파를 올려서 말고 이쑤시개로 고정한다.

❹ 튀김옷을 입혀 170~175도의 기름에서 튀겨 반으로 자른 다음 초간장에 찍어 먹는다.

정어리 조림

■ 재료(2인분)

정어리 ····· 2마리
생강(얇게 저민 것) ····· 3장
초간장 ····· 1/4컵
물 ····· 2T
청주 ····· 2T
유채 ····· 2개
파(흰부분 채 친 것) ····· 적당량

❶ 정어리는 머리와 꼬리를 떼내고 둘로 잘라 물에 씻는다.

❷ 냄비에 생강 저민 것, 초간장, 물, 청주를 끓여 ①의 정어리를 넣는다. 중불에 20분 정도 끓인다.

❸ 마지막으로 5cm로 자른 유채를 넣는다. 유채의 숨이 죽으면 완성. 접시에 담고 채친 파를 위에 올린다.

정어리 겨자초된장 샐러드

■ 재료(2인분)

정어리 ····· 2마리
소금, 식초 ····· 적당량
양파 ····· 1/4개
겨자초된장
흰된장 ····· 1T
설탕 ····· 1t

❶ 정어리는 석 장 뜨기로 하여 뼈를 발라내고 소금을 많이 뿌려 1시간 동안 둔다.

❷ 정어리를 살짝 물에 씻어 식초에 5~6분간 담가두고 껍질을 벗긴다.

❸ 양파는 통째썰기하여 물에 담가둔다. 겨자초된장의 재료를 한데 잘 섞는다.

❹ 정어리의 살을 네 조각으로 자르고 양파와 함께 접시에 담아 겨자초된장을 곁들인다.

정어리와 야채의 사과식초 절임

■ 재료(2인분)

정어리 ····· 2마리
소금, 후추 ····· 각 약간씩
애호박 ····· 1개
가지 ····· 2개
방울 토마토 ····· 8개
꽈리고추 ····· 8개
마리네 액
사과식초 ····· 1/2컵
올리브오일 ····· 1/3컵
소금, 후추 ····· 약간씩
벌꿀 ····· 1/2t

❶ 정어리는 머리와 내장을 제거하고 5cm 길이로 자른다. 소금, 후추로 간을 해 둔다.

❷ 애호박과 가지는 1cm 두께로 썰어 약간의 소금(분량외)을 뿌려 한동안 둔다.

❸ 방울 토마토는 물에 씻어 물기를 빼둔다. 꽈리고추는 나무꼬치로 구멍을 뚫어 놓는다.

❹ 오븐 시트를 깐 사각쟁반에 ①, 물기를 닦아낸 ②, ③을 올려 200도로 7~8분간 굽는다.

❺ 그릇에 마리네 액을 넣어 ④를 담근다.

연어와 버섯 찜 구이

■ 재료(2인분)

生연어 ············ 2토막(각 70g)
소금, 청주 ················ 약간씩
새송이버섯 ················· $1/2$ 개
(생)표고버섯 ················ 2장
만가닥 버섯, 잎새버섯 ···· 각 $1/4$ 팩
홍피망, 줄콩 ················ 적당량
은행 ························· 4개
버터 ························ 적당량
식용유 ······················ 적당량

버터 된장

흰된장 ····················· 25g
시골된장 ··················· 15g
버터 ······················· 10g
다시 ························ 1T
맛술 ························ $1/2$ T
설탕 ························ 약간

❶ 새송이버섯은 세로로 가르고, 생표고버섯은 4등분, 만가닥 버섯과 잎새버섯은 작은 크기로 자른다. 홍피망은 가늘게 썰고, 줄콩은 소금에 데쳐 3cm 정도로 자른다. 은행은 소금에 데쳐 껍질을 벗겨 세로로 가른다.

❷ 프라이팬에 기름을 살짝 두르고 중불에서 버섯을 볶는다. 조금 노릇해질 정도로 볶는다.

❸ 냄비에 버터 된장의 조미료를 넣어 약불에 올려 섞는다.

❹ ②를 ③에 넣어 한데 섞는다.

❺ 연어는 소금, 청주를 조금 뿌려 간을 해 둔다.

❻ 큰 호일을 준비하여, 엷게 버터를 발라 연어를 올린다. ④를 뿌려 홍피망과 줄콩, 은행을 드문드문 놓는다.

❼ 호일로 싸서 국물이 새나오지 않도록 입구를 막고 양끝을 접어 230도의 오븐에 12분 동안 굽는다.

찬찬야키

■ 재료(2인분)

생 연어 ···················· 3토막
숙주나물 ················· $1/2$ 봉지
양배추 ······················ 3장
실파 ····················· $1/4$ 다발
버터 ························ 1T

소스

된장 ························ 2T
다시 ························ 2T
설탕 ························ 1T
굴소스 ····················· $1/2$ T

❶ 숙주나물은 씻어서 물기를 빼고, 양배추는 한입 크기로 썰고 실파는 둥근 단면 썰기를 한다.

❷ 양념장의 재료를 잘 섞는다.

❸ 프라이팬에 연어를 올리고, 양념장을 뿌려 실파를 올린다.

❹ 연어 주위에 콩나물과 양배추를 놓고 버터를 잘게 으깨서 올린다.

❺ 프라이팬 뚜껑을 덮고 (밀폐된 용기 속에) 강한불에 굽는다.

연어 카르파쵸

■ 재료(2인분)

연어(횟감) ················· 100g
올리브오일 ················ $1\,1/2$ T
발사믹식초 ················· 1/3t
양파 ······················ $1/4$ 개
오이 ······················ $1/4$ 개
깻잎 ························ 2장
파슬리 다진 것 ·············· 1T
소금, 후추 ················ 약간씩

오로라 소스

마요네즈 ················· $1\,1/2$ T
케찹 ······················· $1/2$ t
생크림 ······················ 1t
검은 후추 ··················· 약간

❶ 양파, 오이, 깻잎은 모두 잘게 다진다.

❷ 올리브오일, 발사믹식초, 파슬리, 소금, 후추, ①의 야채를 한데 섞는다.

❸ 오로라 소스의 재료를 한데 섞는다.

❹ 연어는 가능한 한 얇게 저며 접시에 나란히 담는다.

❺ 연어 위에 ②를 구석구석까지 두루 뿌린다.

❻ 오로라 소스를 스푼을 사용해 선을 긋듯이 뿌린다.

고등어 된장 조림

■ 재료(2인분)

- 고등어(토막) ··········· 1토막(70g)
- 생강 ······················ 적당량
- 유채꽃 ···················· 적당량

A

- 물 ························· 1/2컵
- 청주 ························· 5T
- 설탕 ······················ 1 1/4T
- 붉은 된장 ·················· 20g

❶ 고등어를 살짝 데친다. 끓는 물에 토막을 넣고 색이 옅어지면 바로 얼음물에 담가둔다. 생강은 저민 것과 채 썬 것을 준비한다.

❷ 냄비에 A를 넣어 중간불에 올려서 끓어오르면 고등어와 얇게 썬 생강을 넣는다.

❸ 뚜껑을 덮고 국물이 걸쭉해질 때까지 삶는다. 다른 냄비에서 유채를 소금물에 데친다.

❹ 국물이 걸쭉해지면 불을 끄고 그대로 두어 간이 배어들게 한다. 그릇에 담고 유채와 채 썬 생강을 곁들인다.

대구찜

■ 재료(2인분)

- 대구 ························ 2토막
- 생강 ························ 1/2쪽
- 무 ··························· 2cm
- 당근 ························ 1/4개
- 오이 ························ 1/2개
- 청주 ·························· 2T

양념장

- 초간장 ······················· 1T
- 간장 ························· 1T

❶ 생강은 채썰고 무, 당근, 오이도 가늘게 채 썰어 물에 담가 아삭아삭하게 하고 물기를 뺀다.

❷ 대구는 껍질을 벗겨 한입 크기로 자른다.

❸ 내열 용기에 대구를 담아 생강을 올리고 청주를 뿌린다.

❹ 랩을 씌워 전자레인지에 3분 동안 가열하여 대구에서 나온 물을 버리고 채 썰은 야채를 올려 양념장을 뿌린다.

은대구 튀김 조림

■ 재료(2인분)

- 은대구 ······················ 2토막
- 소금, 청주 ·················· 약간씩
- 녹말가루 ···················· 적당량
- 튀김기름 ···················· 적당량
- 생강 ························ 1/2쪽
- 유채 ························ 2포기

육수

- 가다랭이 다시 ·············· 3/4컵
- 청주, 간장 ················· 각 1T
- 설탕, 맛술 ············· 각각 1/2T

❶ 은대구는 반으로 잘라 소금, 청주로 간을 해두었다가 녹말가루를 묻힌다. 필요없는 가루는 털어내고 기름에 튀긴다.

❷ 냄비에 육수 재료를 넣고 펄펄 끓이고 반쪽의 생강을 채친 것과 금방 튀긴 은대구를 넣고 간이 배어들 정도로 끓인다.

❸ 그릇에 담고 소금에 데친 유채를 곁들이고 남은 생강으로 만든 바늘 생강을 위에 올린다.

참치 초된장 버무림

■ 재료(2인분)

- 참치(횟감용) ·················· 1/2
- 실파 ······················ 1/4묶음

밑간

- 간장 ·························· 1t
- 식초 ·························· 1t

겨자초된장

- 된장, 설탕 ·············· 1/2T 씩
- 물, 식초 ·················· 각 1T
- 연겨자 ······················ 약간

❶ 냄비에 된장, 설탕, 물을 넣고 불에 올려 곱게 갠다. 다 개어지면 불에서 내려 식초와 연겨자를 넣어 섞는다.

❷ 실파는 3~4cm 길이로 잘라, 끓는 물에 살짝 데쳐 물기를 뺀다.

❸ 참치는 저며 썰고 실파와 함께 밑간 재료를 뿌려 5분간 둔다.

❹ ③의 수분을 빼고 ①의 겨자초된장을 버무린다.

가리비와 참치 타르타르

■ **재료(2인분)**

참치 ························· 50g
가리비(생식용) ················ 2개
양파 ························· 1/4개
실파 ························· 1개
레몬즙 ······················· 1/2t
올리브오일 ··················· 1/2T
화이트 와인 ·················· 약간
발사믹식초 ··················· 1/4t
소금, 검은 후추 ·············· 약간
마요네즈 ····················· 1T
생크림 ······················· 1/2t
소스
올리브오일 ··················· 2T
발사믹식초 ··················· 2T
레몬즙 ······················· 1/2t
식초, 검은 후추 ·············· 약간씩

❶ 양파는 얇게 썰어 물에 담가두고, 실파는 송송 썬다.

❷ 참치와 가리비는 작게 깍둑썰기를 한다.

❸ 그릇에 양파와 ②를 섞어 올리브오일, 레몬즙, 화이트 와인, 발사믹식초, 소금, 검은 후추를 넣어 버무린다.

❹ 소스의 재료를 한데 섞는다.

❺ 접시에 ③을 담고, 실파를 뿌리고 생크림을 넣어 섞은 마요네즈를 뿌린다.

❻ 스푼으로 소스를 가장자리에 뿌린다.

날치알 마요네즈 소스 참치 샤브샤브

■ **재료(2인분)**

참치 ························· 100g
무 ··························· 1/5개
실파 ························· 3묶음
마요네즈 ····················· 15g
날치알 ······················· 5g
간장, 라유 ··················· 약간씩

❶ 마요네즈에 날치알, 간장, 라유와 잘게 썬 실파 절반을 넣고 소스를 만든다.

❷ 무는 채 썰어 소금에 절인다.

❸ 참치를 얇게 썰어 뜨거운 물에 살짝 데쳐 냉수에 담근다.

❹ 접시에 ②를 깔고 ③을 올린다. 소스를 뿌리고 남은 실파를 뿌린다.

전갱이 절임

■ 재료(2인분)

전갱이 ···················· 6마리
마리네 액
　식초 ························ 4T
　물 ·························· 6T
　맛술 ························ 2t
　묽은 간장 ·················· 2t
　설탕 ······················ 약간
가다랭이포 ·················· 약간
빨간 고추 ·················· 1/2개
파 ························· 1/2개
꽈리고추 ···················· 4개
녹말가루 ················· 적당량

❶ 전갱이는 꼬리에 가까운 옆줄에 한줄로 늘어선 가시처럼 생긴 비늘을 제거하고 그 다음에 비늘과 아가미를 떼낸다.

❷ 배지느러미 아래에 칼집을 넣고, 칼끝으로 내장을 긁어낸다. 피 등을 물에 씻어내고 난 다음 물기를 닦아 낸다.

❸ 냄비에 마리네 액의 재료를 넣고, 가다랭이포를 넣어서 한 번 끓이고 난 후에 천으로 걸러서 미지근한 물에 불린 붉은 고추를 넣는다.

❹ 파는 4cm 정도로 통째 썰고 꽈리고추는 칼집을 넣는다. 달군 프라이팬에 기름을 두르고 파와 꽈리고추를 볶는다.

❺ 전갱이에 녹말가루를 묻혀 170도의 기름에 바삭하게 튀긴다.

❻ 갓 튀긴 전갱이와 파, 꽈리고추를 ②의 마리네 액에 담가 랩을 씌운다. 냉장고에 하룻밤 담가두면 더 맛있어진다.

셀러리와 전갱이 중화 샐러드

■ 재료(2인분)

전갱이 ···················· 2마리
셀러리 ······················ 1개
소스
　간장 ······················ 2/3T
　식초, 라유 ·············· 각각 1t
　참기름 ··················· 1/2t

❶ 전갱이는 석 장 뜨기로 잘라(전갱이 자르는 법은 90쪽를 참조) 석쇠에서 구워 살을 발라낸다.

❷ 셀러리의 줄기 부분은 심을 떼내어 가늘게 썰고, 잎은 듬성듬성 다진다.

❸ 전갱이와 셀러리를 그릇에 넣고, 소스의 재료를 넣어 잘 버무린다.

전갱이 향미찜

■ 재료(2인분)

전갱이(中) ················· 2마리
소금, 청주 ·············· 약간씩
파 ························· 1/2개
생강 ························ 10g
마늘 ······················ 1/2쪽
A
　간장, 청주 ·············· 각각 1T
　식초 ························ 1T

❶ 전갱이는 꼬리에 가까운 옆줄에 한 줄로 늘어선 가시같이 생긴 비늘을 제거하고, 아가미와 내장을 떼낸다. 등과 측면에 얇게 칼자국을 내고 밑간을 한다.

❷ 파는 파란 부분은 잘 씻어서 떼어 둔다. 흰 부분은 5cm 길이로 채썬다.

❸ 생강은 잘 씻어서, 반은 채 썰고 나머지 반은 아주 잘게 다진다. 마늘은 아주 잘게 다진다.

❹ A를 합쳐 ③의 다진 생강, 마늘을 모두 섞는다.

❺ 내열접시에 파의 파란 부분을 올리고, 그 위에 ①의 전갱이를 올린다.

❻ ④의 양념장을 골고루 끼얹어 랩을 씌워 전자레인지에 8~10분 동안 가열한다.

❼ ⑥을 접시에 담아 채 친 파와 생강을 올려 찐국물을 끼얹는다.

중화풍 방어 볶음

■ 재료(2인분)

방어 ········ 2토막
브로컬리 ········ 1/2송이
파 ········ 1/2개
마늘, 생강 ········ 각각 1/2쪽
두반장 ········ 3/4t
생강즙 ········ 1/2T
소금 ········ 약간
녹말가루 ········ 적당량
식용유 ········ 2T
수프
닭육수가루 ········ 1/2t
뜨거운 물 ········ 3/4컵
간장 ········ 1/2T

❶ 방어는 한입 크기로 자르고 생강즙과 약간의 소금을 뿌려 놓는다.

❷ 파, 마늘, 생강은 모두 다진다.

❸ 브로컬리는 먹기 좋은 크기로 썰어 소금을 조금 넣어 끓는 물에 충분히 데친다.

❹ 방어의 물기를 닦고 녹말가루를 묻혀 식용유 1T을 두른 프라이팬에 양면으로 굽는다.

❺ 남은 식용유를 프라이팬에 넣고 파, 마늘, 생강, 두반장을 넣어 볶는다.

❻ 수프의 재료를 넣고 끓으면 브로컬리를 넣고 조금더 끓인다.

방어 무 조림

■ 재료(2인분)

방어 ········ 300g
무 ········ 1/4개
생강 ········ 1/2편
물 ········ 3컵
청주 ········ 2T
설탕 ········ 1 1/2T
간장 ········ 1 3/4T

❶ 방어를 체에 넣고 뜨거운 물을 부어 나쁜 냄새를 없앤다.

❷ 무는 2cm 폭으로 큼직하게 썰어 껍질을 벗긴다.

❸ 냄비에 물과 무, 방어, 생강, 청주를 넣고 불에 올려 끓어오르면 거품을 걷어낸다.

❹ 설탕, 간장을 넣고 약한불에 올려 뚜껑을 덮고 30분 정도 끓인다.

❺ 생강을 꺼내고 남은 간장을 넣고 불을 세게 해서 윤을 낸다.

방어와 땅두릅 생강 조림

■ 재료(2인분)

방어 ········ 2토막
땅두릅 ········ 1/2개
생강 ········ 1쪽
다시 ········ 1/4컵
청주 ········ 1/4컵
설탕 ········ 1/2T
맛술 ········ 1 1/2T
간장 ········ 1 1/2T

❶ 땅두릅은 5cm 길이로 자르고 껍질을 두껍게 깎아 식초물에 담근다. 생강 1/2쪽은 껍질째 얇게 저미고, 다른 1/2쪽은 껍질을 깎아 가늘게 채썰어 물에 헹궈 생강채를 만든다.

❷ 냄비에 다시, 청주, 설탕, 맛술, 간장을 넣어 끓이다가 땅두릅을 깔고 방어를 그 위에 올린다.

❸ 얇게 저민 생강을 넣고 뚜껑을 덮어 중간불에 국물이 자작할 때까지 끓인다.

❹ 방어를 그릇에 담고 끓인 국물을 끼얹어 생강채를 올린다.

갈치 산초나무 순 구이

■ 재료(2인분)

갈치 ······ 2토막(작은 것은 4토막)
산초나무 순 ··················· 4장
양념장
 간장 ························ 2T
 청주 ························ 1T
 맛술 ························ 1T

❶ 갈치 등지느러미를 가위로 잘라낸다. 간이 배도록 양면에 비스듬히 칼집을 가볍게 넣는다.

❷ 밧드(사각팬)에 양념장과 갈치를 넣어, 가끔씩 뒤집어가면서 30분 이상 굽는다.

❸ 산초나무 순을 가볍게 두드려 향을 내고, 다 구워진 생선에 뿌린다. 산초나무 순을 올려 접시에 담는다.

팔보채

■ 재료(2인분)

새우 ························ 3마리
가리비 조개관자 ··············· 1개
오징어 ······················· 25g
삼겹살 ······················· 30g
배추 ························ 1/2장
마른 표고버섯 ················· 1장
당근 ························· 20g
죽순 ························· 20g
청경채 ······················· 1장
식용유 ······················· 약간
닭육수 ······················ 3/4컵
물녹말 ····················· 적당량
참기름 ······················· 약간
A
 소금, 후추 ·············· 약간씩
 청주 ······················ 1/2t
 녹말가루 ·················· 1/3t
B
 청주 ····················· 1 1/2t
 소금, 후추, 설탕 ········· 약간씩

❶ 새우는 껍질을 벗겨 내장을 떼어낸다. 가리비는 둘로 자르고 오징어는 격자무늬 칼집을 잘게 넣어 먹기 좋게 자른다.

❷ 새우, 가리비, 오징어를 그릇에 넣고 A를 묻혀서 밑간을 한 후 살짝 데쳐 둔다.

❸ 배추, 마른 표고버섯은 베어내듯 썰고, 당근은 반달 모양으로, 죽순은 얇게 썰고, 청경채는 먹기 좋게 자른다.

❹ 프라이팬에 한입 크기로 자른 삼겹살을 익힌다.

❺ 배추, 청경채 외의 재료를 더해서 볶고 닭육수를 부어서 한 번 끓인다.

❻ 배추, 청경채를 넣고 B로 간을 하고 물녹말로 걸쭉하게 만든다. 마지막으로 참기름을 뿌려 풍미를 더한다.

새우와 셀러리 볶음

■ 재료(2인분)

새우 ························ 8마리
셀러리 ······················ 1/2개
목이버섯, 생강 ·············· 약간씩
식용유 ······················ 약간
A
소금, 청주 ·············· 약간씩
녹말가루 ················ 약간
B
소금, 청주 ·············· 약간씩
콘소메 가루 ·············· 약간

❶ 셀러리를 1cm 크기로 자르고, 목이버섯은 물에 불린다. 생강은 채 썬다.

❷ 그릇에 새우를 넣고, A를 넣어 묻힌다.

❸ 달군 프라이팬에 기름을 두르고 새우와 생강을 볶는다. 익으면 셀러리와 목이버섯을 넣어서 볶고 B를 더해 간을 조절한다.

새우와 자몽 샐러드

■ 재료(2인분)

새우 ························ 4마리
자몽(적, 백) ·········· 각각 1/4개씩
마른 새우 ···················· 1/2T
A
코코넛 파우더 ·············· 1T
뜨거운 물 ·················· 1 2/3T
남플라 ···················· 1/2T
설탕 ······················ 1t
레몬즙 ···················· 1/2T
향채 ······················ 적당량

❶ 새우는 껍질을 벗기고, 등에 칼집을 넣어 등 내장을 떼어내고 살짝 데쳐 놓는다.

❷ 자몽은 껍질을 벗기고 살을 꺼내 놓는다.

❸ 마른 새우는 물에 불려 잘게 썰어 놓는다.

❹ A의 코코넛 파우더를 그릇에 넣고, 뜨거운 물을 소량씩 넣어가면서 잘 섞다가 나머지 A의 재료를 더한다.

❺ 그릇에 새우와 자몽을 담고 ④의 소스를 뿌린다.

새우와 아스파라거스 중화 볶음

■ 재료(2인분)

새우 ························ 180g
아스파라거스 ················ 3개
식용유 ······················ 1T
밑간
청주, 녹말가루 ········ 각각 1/2T씩
생강즙 ···················· 1/2t
계란흰자 ·················· 1/2T
파 ························ 2cm
생강 ······················ 1/2쪽
물녹말
녹말가루, 물 ·········· 각각 1/2t
모듬조미료
중화수프가루 ·············· 1/2t
뜨거운 물 ················ 1/2컵
청주 ······················ 1/2T
간장 ······················ 약간

❶ 아스파라거스는 줄기의 딱딱한 부분을 잘라내고 3cm 정도로 어슷썰기를 한다. 생강과 파는 잘게 다진다.

❷ 새우는 등 내장을 떼어내고 소금을 조금 뿌려 손으로 잘 비빈다. 새우를 살짝 씻고 물기를 닦아 밑간의 재료를 더해 손으로 잘 버무린다.

❸ 달군 프라이팬에 식용유 1/2T를 두르고 아스파라거스를 익힌다. 소금으로 간을 하고 꺼내 둔다.

❹ 남은 식용유를 더해서 생강과 파를 살짝 볶는다.

❺ 새우를 넣어 재빠르게 볶고 아스파라거스를 다시 넣는다.

❻ 모듬 조미료를 넣어 한 번 끓어오르면 물녹말을 넣는다.

오징어 마리네

■ **재료(2인분)**

오징어 ······ 1마리
올리브오일 ······ 2T
화이트 와인 ······ 2T
레몬즙 ······ 1T
소금, 후추 ······ 약간씩
파슬리 ······ 약간
마리네 야채
  마늘 ······ 1쪽
  양파 中 ······ 1/2개
  샐러리 ······ 1/2개
  당근 ······ 3cm
  파프리카(홍피망) ······ 1/2개

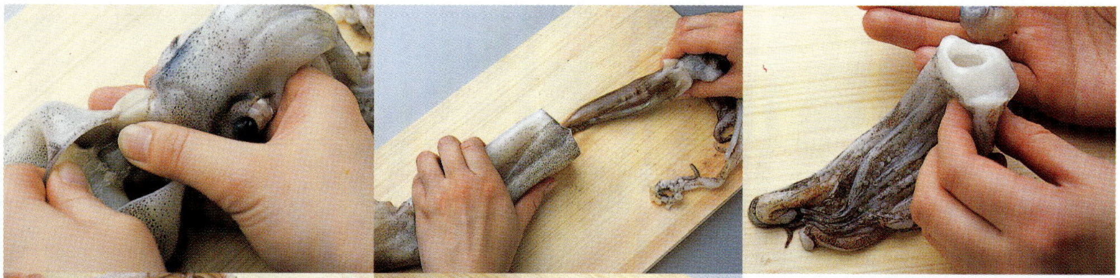

❶ 오징어는 다리와 몸통에 붙어 있는 부분을 손가락으로 떼어내고, 내장을 잡아당겨 없애고 껍질을 벗긴다. 다리는 딱딱한 빨판을 떼내고, 긴 다리 두개를 잘라낸다. 빨판은 손가락으로 훑어 떨어지는 것만 떼어낸다.

❷ 냄비에 물을 끓여, 오징어를 넣고 색이 변하면 금방 건져 찬물에 넣어 식힌다. 물기를 빼고, 얇게 통째 썰기한다. 다리는 3~4등분으로 자른다.

❸ 마늘은 다진다. 그 밖의 마리네 야채는 5cm 길이로 채썬다.

❹ 냄비에 올리브오일과 마늘을 넣고 불에 올린다. 향이 나면 ③의 마리네 야채를 넣고, 숨이 죽을 때까지 볶는다. 화이트 와인을 넣고 한소끔 끓어오르면 소금, 후추로 간을 맞추고 불을 끄고 레몬즙을 넣는다.

오징어 생강 볶음

■ 재료(2인분)

오징어 ······················1마리
실파 ··························5개
저민 생강 ····················2장
빨간 고추 ····················1개
식용유 ························1T
청주 ·························1/2T
간장 ··························1T

❶ 오징어는 몸통과 다리를 떼어낸다. 지느러미 아래부터 잘라 속의 연골을 떼낸다. 껍질을 벗기고, 통째썰기를 한다. 다리는 딱딱한 빨판을 떼어내고 3등분으로 자른다.

❷ 붉은 고추는 씨를 빼고 통째썰기를 한다. 실파는 3cm 폭으로 자른다. 생강은 채친다.

❸ 달군 중화 냄비에 기름을 두르고 생강과 고추를 볶는다. 향이 나면 오징어를 넣고 강한불에 볶아 청주와 간장으로 간을 한다. 실파를 넣고 살짝 더 볶아 접시에 담는다.

셀러리와 오징어의 토마토 조림

■ 재료(2인분)

오징어 ························1개
셀러리 ··················1과 1/2개
양파 ·························1/2개
마늘 ·························1/2편
올리브오일 ····················1T
토마토 페이스트 ··············400g
월계수 ························1장
소금, 후추 ················약간씩
이탈리안 파슬리(장식) ······적당량

❶ 셀러리는 껍질을 벗겨서 하나는 다지고 나머지는 8cm 길이로 자른다. 양파는 결에 따라 얇게 썬다. 마늘은 다진다.

❷ 오징어는 내장, 다리, 연골을 빼고 물에 씻어 몸통과 귀를 1cm 폭으로 통째 썰기하고, 다리는 5cm 길이로 자른다.

❸ 냄비에 올리브오일과 마늘을 넣고 중간불에 볶는다. 향이 나면 양파를 넣어서 색이 투명해지고 숨이 죽을 때까지 볶는다. 셀러리와 오징어도 넣어서 전체에 기름이 배어들 때까지 볶는다.

❹ ③에 토마토 페이스트를 모두 넣고, 나무주걱으로 으깨듯 섞고, 끓어오르면 약한불에 끓이면서 거품을 걷어낸다. 월계수잎을 넣고 뚜껑을 덮고 15~20분간 푹 끓인다.

❺ 소금, 후추로 간을 하고 그릇에 담는다. 준비가 되었으면 이탈리안 파슬리를 장식한다.

맑은 버터 소스 가리비 볶음

■ **재료(2인분)**

가리비 ······ 8개
만가닥 버섯 ······ 1/2팩
버터(가염) ······ 60g
소금, 후추 ······ 약간씩
식용유 ······ 1/2t
cerfeuil(이탈리안 파슬리) ·· 적당량

토마토 소스
- 완숙 토마토 ······ 1개
- 마늘 다진 것 ······ 1/2쪽 분량
- 양파 다진 것 ······ 1T
- 버터 ······ 1/2T
- 소금, 후추 ······ 적당량

❶ 토마토는 꼭지를 떼고 껍질을 벗긴다. 가로를 반으로 잘라 씨를 빼고 1cm 네모로 자른다.

❷ 토마토 소스를 만든다. 냄비에 버터, 마늘, 양파를 넣고 가볍게 볶다가 토마토를 넣고 소금, 후추를 뿌린다. 1/4정도의 양이 될 때까지 약한 불에서 20분 정도 조려 간을 조절한다.

❸ 냄비에 버터를 넣고 아주 약한 불에 녹인다. 버터가 녹으면 맑은 윗물 부분만 사용한다. 위에 뜬 흰 거품은 걷어낸다.

❹ 만가닥 버섯은 풀어서 ③의 맑은 버터의 반량으로 볶아 소금, 후추를 친다.

❺ 가리비는 소금, 후추를 뿌려 식용유를 프라이팬에 넣고 강한 불로 표면만 굽는다.

❻ 접시 중앙에 ④의 만가닥 버섯을 놓고 둘레에 가리비를 나열하여 그 위에 토마토 소스를 올린다.

❼ cerfeuil를 장식하고 아래에 남은 맑은 버터를 깐다.

가리비 샐러드

■ **재료(2인분)**

가리비(껍데기 달린 것) ······ 2개
파 ······ 1/2개
생강 ······ 1/2쪽
통후추 ······ 약간
간장 ······ 1/2T
식용유 ······ 2T

❶ 가리비는 껍데기가 달린 채 강한불에 반숙으로 찌고, 껍데기를 떼내어 껍데기는 그릇에, 살은 내장과 끈을 제거한다.

❷ 살은 4등분, 끈은 적당한 크기로 잘라 껍데기에 올리고 얇게 어슷썰기 한 파와 채 썬 생강을 올린다.

❸ 후추, 간장을 뿌려서 간을 하고 다른 냄비에 식용유를 가열하여 위에서 뿌린다.

가리비와 브로컬리 볶음

■ **재료(2인분)**

가리비(횟감용) ······ 70g
브로컬리 ······ 30g
죽순 ······ 20g
파 ······ 약간
생강 ······ 약간
청주 ······ 2t
식용유 ······ 약간
닭육수소스 ······ 4t
소금, 조미료 ······ 약간씩
물녹말 ······ 10g
당근(삶은 것) ······ 적당량

❶ 가리비는 가로를 반으로 잘라 청주와 함께 기름에 살짝 볶는다.

❷ 브로컬리, 죽순을 적당한 크기로 잘라 브로컬리는 소금물에 데친다.

❸ 달군 냄비에 기름을 두르고 파와 생강을 볶는다.

❹ 죽순을 ③에 넣어 볶고, 닭육수를 넣는다.

❺ 가리비를 ④에 넣고 소금, 조미료로 간을 한 다음 물녹말로 걸쭉하게 하고 당근을 곁들인다.

문어와 오이 무침

■ 재료(2인분)

문어 다리(데친 것) ··········100g
미역(불린 것) ················30g
오이 ··························1개
A
식초 ······················$1^1/_2$T
엷은 맛 간장 ·············$1^1/_2$T
맛술 ······················$1^1/_2$T
생강즙 ······················5g

❶ 문어 다리는 물에 잘 씻어서 물기를 닦고 한입 크기로 썬다. 불린 미역은 심을 떼내고 먹기 좋은 크기로 길이를 맞추어 자른다.

❷ 오이는 둥근 단면 썰기를 하고 엷은 소금물에 담가 숨을 죽인다. 행주로 물기를 짠다.

❸ A를 합쳐 생강식초를 만든다.

❹ 문어와 미역, 오이는 각각 담기 전에 ③에서 만든 생강식초로 버무려서 그릇에 담는다. 생강식초를 조금 위에서부터 뿌린다.

문어절임

■ 재료(2인분)

데친 문어 ··················100g
무 ··························3cm
당근························$^1/_4$개
소금 ······················적당량
깻잎 ························2장
마리네 액
식초 ·························1T
식용유························2T
소금, 후추 ··············약간씩

❶ 데친 문어는 얇게 베어내듯 썰고, 깻잎은 채 썬다.

❷ 무와 당근은 모두 채 썰고 소금을 뿌려 5분간 그대로 둔다.

❸ 그릇에 마리네 액의 재료를 넣고 잘 섞는다.

❹ 무와 당근의 물기를 잘 짜서 ③에 넣고, 데친 문어도 넣어 잘 섞는다.

❺ 그릇에 담아 채 썬 깻잎을 뿌린다.

꼴뚜기 토마토 조림

■ 재료(2인분)

꼴뚜기 ···················· 200g
마늘 ···················· 1쪽
양파 ···················· $1/2$개
붉은 고추 ···················· 1개
토마토 페이스트 ···················· $1/2$캔
올리브오일 ···················· $1\,1/2$T
화이트 와인 ···················· $1/2$컵
오레가노 ···················· $1/2$t
월계수잎 ···················· 약간
소금 ···················· 약간
이탈리안 파슬리 ···················· 적당량

❶ 마늘, 양파는 다지고, 붉은 고추는 통째썰기를 하여 씨를 빼낸다.

❷ 꼴뚜기는 씻어서 세로로 반을 자르고, 갈색의 딱딱한 것을 떼어낸다.

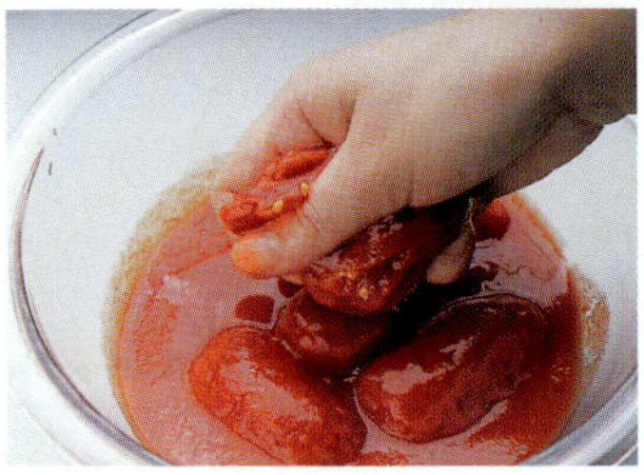

❸ 토마토는 캔에서 꺼내 손으로 대충 부숴뜨려 놓는다.

❹ 냄비에 올리브오일, 마늘, 붉은 고추를 넣고 볶다가 향이 나면 양파, 꼴뚜기 순으로 넣는다. 색이 변할 정도로 볶은 다음 화이트 와인, ③의 토마토, 오레가노, 월계수잎, 물 1컵을 넣어 소금을 조금 넣고 끓인다.

❺ 끓어오르면 거품을 걷어내고, 뚜껑을 덮어 약한불에 1시간 정도 끓인다. 도중에 수분이 부족해지면 물을 더 넣는다. 꼴뚜기가 부드러워지면 적당히 조리고, 소금으로 간을 조절한다. 접시에 담고 이탈리안 파슬리를 장식한다.

죽순 대합 볶음

■ 재료(2인분)

죽순(물에 데친 것) ·········· 50g
대합 ···················· 6개
청주, 물 ···················· 각각 1t
소금 ···················· 약간
참기름 ···················· $1\,1/3$T
닭육수 ···················· 2T
실파 ···················· 2개

❶ 냄비에 청주와 물을 넣고 끓이다가 대합을 넣고 찐 후 입을 벌리면 살만 벗겨 둔다.

❷ 1mm 정도로 얇게 썬 죽순에 소금을 뿌려 둔다.

❸ 참기름 1T을 가열하여 죽순을 볶고, 청주, 수프를 넣고 대합과 그 찐 국물을 조금 넣어 소금으로 간을 맞춘다. 실파를 잘라서 뿌리고 남은 참기름을 뿌린다.

바지락 간장 조림

■ 재료(2인분)

바지락 ····· 250g

양념장

- 간장 ····· 1/4컵
- 맛술 ····· 1 2/3T
- 붉은 고추 ····· 1개
- 소홍주 ····· 1 2/3T
- 마늘 ····· 1/2쪽

❶ 바지락은 담수에 담가서 모래를 뺀다.

❷ 껍질과 껍질을 서로 비벼서 껍질의 불순물을 제거한다.

❸ 마늘은 갈고, 붉은 고추는 씨를 빼고 둥근 단면 썰기를 한다.

❹ 양념장의 재료를 섞어 둔다.

❺ 냄비에 바지락과 자작하게 물을 부어 중간불에 올리고, 바지락의 입이 열린 것부터 꺼내어 ④에 담근다.

❻ 랩을 씌워 냉장고에 넣어 한 시간 동안 식힌다.

굴 된장 구이

■ 재료(2인분)

생굴 ····· 6개
소금 ····· 약간
청주 ····· 2T
우엉 ····· 1/4개
파 ····· 1/4개
유자 ····· 약간
팔정 된장 ····· 50g
설탕 ····· 1 1/2T
청주 ····· 1T
맛술 ····· 1/2T
가다랭이 다시 ····· 2T
식초 ····· 약간

❶ 굴은 체에 넣어 소금물에서 흔들어 씻고 물기를 닦아 냄비에 넣고 청주를 뿌려 가볍게 볶는다.

❷ 우엉은 칼등으로 껍질을 긁어 내고, 세로로 전체적으로 칼집을 넣어 조릿대 잎처럼 얇게 깎고 물에 충분히 담갔다가 물기를 뺀다.

❸ 식초를 넣은 끓는 물에 부드럽게 데쳐서 물기를 빼고, 파는 얇게 어슷썰기를 한다.

❹ 냄비에 된장, 설탕, 청주, 맛술, 끓인 국물을 넣고 약한 불에서 천천히 걸쭉하고 윤이 날 때까지 조린다.

❺ 내열 접시나 굴 껍데기에 우엉을 깔고 굴을 올린다음 파를 포개어 ④의 된장을 듬뿍 올려 오븐 토스터로 가볍게 굽거나, 석쇠에 굽는다.

❻ 기호에 따라 잘게 썬 유자를 뿌린다.

부추 조개전

■ 재료(2인분)

모시조갯살 통조림 ····· 50g
부추 ····· 1/2묶음

양념장

- 식초, 간장 ····· 각각 2T
- 참기름 ····· 1/2t

A

- 박력분 ····· 50g
- 계란 ····· 1/2개
- 물+모시조개의 캔즙 ····· 1/4컵
- 간장 ····· 1/2t
- 라유 ····· 1/4t

❶ 부추는 물에 씻어 밑동의 딱딱한 부분을 잘라내고 5cm 길이로 자른다. 양념장의 재료는 섞어 둔다.

❷ 그릇에 A의 재료를 섞는다. 부추와 모시조개도 넣어서 섞는다.

❸ 프라이팬에 식용유를 두르고 ②의 반죽을 부어 얇고 평평하게 굽는다.

❹ 노릇노릇해지면 뒤집어서 양면을 알맞게 굽는다.

❺ 접시에 담아서 양념장을 곁들인다.

두부·유부 안주 요리

■ 재료(2인분)

- 두부 ······ 1모
- 녹말가루 ······ 적당량
- 튀김기름 ······ 적당량
- 닭가슴살 ······ $\frac{1}{4}$장
- 소금, 청주 ······ 약간씩
- 만가닥 버섯 ······ 1봉지
- 파 ······ 5cm
- 파드득나물 ······ 4개
- 구운 김 ······ 약간
- 생강 ······ 15g
- 무 ······ 5cm

A
- 다시 ······ $\frac{3}{4}$컵
- 맛술 ······ $1\frac{2}{3}$T
- 진간장 ······ $1\frac{2}{3}$T

❶ 두부는 행주로 싸서 깊은 사각 팬 등으로 위에서 눌러 물기를 짜내어 4등분 한다.

❷ 두부의 표면에 녹말가루를 빈틈 없이 묻힌다.

❸ 170도의 기름에 두부의 표면이 바삭해질 때까지 튀긴다.

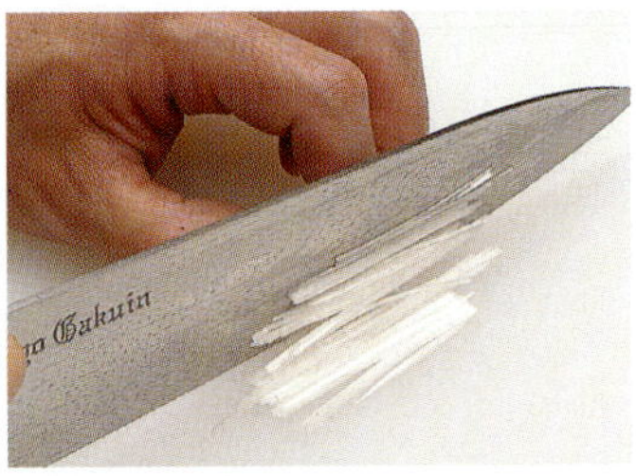

❹ 닭가슴살은 소금, 청주를 뿌리고 쪄서 잘게 찢는다. 만가닥버섯은 데치고, 파는 채 썬다. 파드득나물은 3cm 정도로 자르고, 구운 김은 잘게 썬다.

❺ 생강과 무는 껍질을 벗겨서 간 다음 말이용 발에 올려, 가볍게 물기를 뺀다.

❻ A와 무 간 것, 만가닥버섯를 냄비에 넣어 한번 팔팔 끓여, 끓어 오르면 파드득나물을 넣는다. 그릇에 두부를 담고, 국물을 끼얹어 닭고기와 파, 생강, 구운 김을 곁들인다.

여주 두부 볶음

■ **재료**(2인분)

여주 ························ 1/2개
소금 ···························· 2t
냉동두부 ······················ 1/2모
식용유, 참기름 ··············· 1T 씩
돼지고기(얇게 저민 것) ········ 60g
청주 ··························· 1T
계란 ··························· 2개
가다랭이포 ····················· 5g

A

간장 ···························· 1t
다시마차 ····················· 1/2t

❶ 두부는 용기에 넣어서 그대로 냉동고에 보존한다.

※두부는 수분이 없어져 버려서 냉동에는 부적합하지만 여기서는 그 특성을 고려한 조리법을 소개합니다.

❷ 여주는 세로로 반을 잘라 스푼으로 속을 긁어내고 3mm로 얇게 썬다. 소금을 뿌려 10분간 두고 숨이 죽으면 물에 비벼 씻고 물기를 짠다. 달군 프라이팬에 기름을 두르고 5mm의 두께로 자른 냉동 두부를 넣는다.

❸ ②의 두부가 볶아지면 꺼낸 다음 프라이팬에 참기름을 데워, 3cm 길이로 자른 돼지고기를 볶고, 여주를 넣어 청주를 뿌린다. ②를 다시 넣고 A를 넣은 후 마지막으로 푼 계란을 뿌리고 가다랭이포를 뿌린다.

볶음 두부

■ **재료**(2인분)

식용유 ·························· 2T
냉동두부 ························ 1모
닭고기(얇게 저민 것) ·········· 50g
마른 표고버섯(불려 놓는다) ··· 2개
당근 ··························· 2cm
계란 ···························· 1개
실파 ···························· 2개

A

물 ·························· 1/2컵
묽은 간장 ····················· 2T
설탕 ···························· 1T

❶ 두부는 용기에 넣어서 그대로 냉동고에 보존한다.

❷ 달군 프라이팬에 기름을 두르고 손으로 부순 냉동두부를 볶는다.

❸ 닭고기(얇게 저민 것)와 채 썰은 표고버섯, 당근을 넣어 볶은 다음 A를 넣어 삶은 국물이 거의 없어질 때까지 삶는다.
마지막에 계란을 풀어 넣고 송송 썰은 파를 넣는다.

마파두부

■ 재료(2인분)

두부 ··························1모
파 ···························5cm
마늘 ·······················1/2쪽
식용유 ························2T
돼지고기(얇게 저민 것) ·······80g
두반장 ························1T
A
스프 ······················1/2컵
청주 ··························2T
간장 ··························1T
물녹말 ······················2~3T
텐멘장(밀가루로 만든 중국의 된장)
································2T

❶ 두부는 1.5cm로 네모썰기 한다. 파와 마늘은 잘게 다진다.

❷ 끓는 물에 두부를 넣어서 가볍게 데친다.

❸ 냄비에 식용유를 넣고 돼지고기를 넣어서 잘 볶다가 마늘, 두반장, 텐멘장을 넣고 볶는다.

❹ ③에 A를 넣고, ②의 두부를 넣어 한 번 끓이다가 파를 넣고 물녹말로 걸쭉하게 만든다.

두부찌개

■ 재료(2인분)

- 연두부 ························1모
- 파 ·····················약 1/5개
- 애호박 ·····················3/4개
- 양파 ························약간
- 고춧가루 ······················1T
- 삼겹살 ····················100g
- 쇠고기 스프(시판)··········3 1/2컵
- 모시조개 ····················10개
- 깐 새우 ················5~6마리
- 쑥갓 ····················1/3다발
- 참기름 ····················적당량
- 소금 ························약간

❶ 연두부는 사방 1cm 정도의 네모로 자르고, 파는 다진다. 애호박은 세로로 반을 자르고, 양파는 통째썰기한다. 참기름을 두른 냄비에 고춧가루를 볶는다.

❷ ①에 1.5cm로 자른 삼겹살을 넣어 볶는다.

❸ 삼겹살이 익기 시작하면 쇠고기 수프를 넣고 ①의 파와 연두부, 애호박, 양파와 모시조개, 깐새우를 넣고 끓인다.

❹ 약 3cm 길이로 자른 쑥갓을 넣어 기호에 따라 계란 등을 넣는다. 모든 재료가 익으면 약간의 소금과 참기름을 넣어 간을 한다.

중화풍 생두부 샐러드

■ 재료(2인분)

- 두부 ·························1모
- 마른 새우 ····················5g
- 피망 ·························1개
- 영양부추 ····················2개
- 토마토 ····················1/2개
- 오이 ·························1개

양념장
- 간장 ·························2T
- 식초 ·························1T
- 설탕 ······················1/2T
- 참기름 ······················2t

❶ 두부는 위에 무거운 것을 올려 수분을 빼고, 6등분한다.

❷ 마른 새우는 미지근한 물에 담가 부드럽게 불려서 껍질의 딱딱한 부분을 없애고 잘게 다진다.

❸ 실파는 송송 썰고 토마토는 반으로 잘라 1cm정도로 썬다. 오이는 5cm 길이로 얇게 자른다.

❹ 그릇에 오이를 깔고, 두부를 올려 새우와 피망을 위에 담는다. 양념장을 섞어 위에서부터 뿌리고, 실파와 ②를 얹은 다음 토마토를 예쁘게 장식한다.

젓갈 두부

■ 재료(2인분)

- 오징어 젓갈 ··················2T
- 연두부 ······················1모
- 토마토(잘게 썬 것)···········2T
- 실파 ·························2개
- 간장 소스(시판품)·········적당량

❶ 두부는 4등분하여 그릇에 담는다.

❷ 두부 위에 젓갈을 올리고 토마토 다진 것과 둥근 단면 썰기한 실파를 뿌린다.

❸ 위에서부터 간장 소스를 뿌린다.

야채 두부무침

■ 재료(2인분)

고비(물에 삶은 것) ······ 120g
당근 ······ 1/4개
새송이버섯(中) ······ 1/2개
곤약 ······ 1/4개

A
- 다시 ······ 1/4컵
- 간장 ······ 1/2T
- 설탕 ······ 1/4T
- 청주 ······ 1/2T
- 두부 ······ 1/2모

B
- 설탕 ······ 1/2T
- 청주 ······ 1/2t
- 간장 ······ 1t

❶ 두부는 접시에 넣고 전자레인지에 1분 정도 가열한다. 두부에서 나온 물기를 빼고 키친타올로 감싼 후, 접시 등으로 위에서 눌러 물기를 더 뺀다. 이때 물이 빠지기 쉽도록 도마를 비스듬히 하면 좋다.

❷ 당근, 새송이버섯, 곤약은 고비의 두께에 맞춰 3cm 길이로 가지런히 자른다.

❸ 냄비에 A를 넣고 끓이다가 당근을 넣는다. 한소끔 끓어오르면 고비, 새송이버섯, 곤약을 넣고 끓인다. 국물이 없어질 때까지 10분 정도 조려서 식힌다.

❹ ①의 두부를 양념절구에 넣고 잘 갈아서 B를 넣고 섞는다. ③의 재료와 섞어 그릇에 담는다.

비지 조림

■ 재료(2인분)

비지 ······················· 200g
당근(小) ··················· $1/_3$개
마른 표고버섯 ·············· 2개
시금치 ····················· 50g
식용유 ····················· $3/_4$T
끓인 국물
다시 ····················· $1/_2$컵
간장 ······················· 1T
설탕 ······················· 1T

❶ 면보로 비지를 싸서, 물을 넣은 그릇에 넣어 손 끝으로 주무르듯이 하여 씻고, 물기를 잘 짜낸다.

❷ 마른 표고버섯은 물에 불려, 대를 떼내고 채 썬다. 당근은 잘게 다지고, 시금치는 물에 씻어서 4cm 길이로 자른다.

❸ 달군 냄비에 식용유 $1/_2$T을 두르고 당근, 마른 표고버섯을 볶아 시금치를 넣는다.

❹ 남은 식용유에 비지를 넣어 잘 볶는다.

❺ 끓인 국물의 재료를 넣고 펄펄 끓인 후에, 중간불에 국물이 없어질 때까지 잘 저으며 끓인다.

죽순의 비지 버무림

■ 재료(2인분)

죽순(물에 데친 것) ·········· 50g
비지 ························ 5g
끓인 국물
가다랭이 다시 ············ $1/_4$컵
맛술 ························ 1t
묽은 간장 ··················· 1t
A
가다랭이 다시 ············ $1/_2$T
계란 노른자 ············ $1/_4$개분
식초 ························ 1T
설탕 ······················ $1/_2$T
소금 ······················· 약간

❶ 죽순은 이삭 끝이면 5cm 길이로 얇게 썰고, 밑동 쪽이면 얇은 은행잎 모양으로 썰어 끓인 국물에 끓인다.

❷ 작은 냄비에 비지와 A를 넣어서 섞고, 약한 불에 올려 흩어질 때까지 볶으며 끓인다.

❸ 끓인 국물을 뺀 ①과 ②를 버무린다.

두부 닭고기 조림

■ 재료(2인분)

저민 닭고기 ················ 100g
두부 ······················· 1모
당근 ····················· $1/_2$개
마른 표고버섯(小) ············ 2개
파 ······················· $1/_2$개
끓인 국물
간장 ······················· 4T
청주 ······················· 2T
설탕 ····················· $1\,1/_2$T
식용유 ····················· 2T
실파 ····················· 2~3개

❶ 두부는 30분 정도 물기를 빼서 그릇에 담고 손으로 으깬다. 달군 냄비에 식용유 1T을 두르고 으깬 두부를 볶아 다른 접시에 담아 둔다. 당근, 파는 잘게 다지고 마른 표고버섯은 물에 불린 다음 잘게 다져 둔다.

❷ 달군 냄비에 식용유 1T을 두르고 저민 닭고기가 흐트러질 때까지 볶다가 당근, 표고버섯을 넣고 끓인 국물의 재료를 넣어 끓인다.

❸ 야채가 부드럽게 익을 즈음, ①의 볶은 두부를 다시 넣어 더 볶는다. 마지막으로 간장 1t(분량 외)를 돌려 넣어, 파를 넣고 한 번 볶고 불을 끈다. 그릇에 담아 송송 썬은 실파를 뿌린다.

유부 조림

■ 재료(2인분)

유부 ························2장
우엉 ························10cm
당근 ························1/2개

조미료
청주 ························2T
설탕 ························1/2T
간장 ························1T
물 ························1T
저민 닭고기 ················200g

끓인 국물
가다랭이 다시 ··············2컵
청주 ························1T
설탕 ························1/2T
간장 ························2T

❶ 유부는 반으로 자르고 절단면에 손가락을 넣어 살짝 열어 봉투 상태로 만든다.

❷ 우엉과 당근은 잘고 가늘게 썬다. 냄비에 조미료를 넣고 불에 올려 우엉, 당근을 넣고 밑간을 한다.

❸ 봉투상태로 만든 유부에 저민 닭고기, 우엉, 당근을 채우고 입구를 이쑤시개로 고정시킨다.

❹ 냄비에 끓인 국물의 재료를 넣고 끓이다가 ③을 넣고 10분간 더 끓인다.

❺ 불을 끄고 그대로 잠시 두어 간이 더욱 배어들도록 한다. 먹기 전에 다시 데운다.

유부 구이

■ 재료(2인분)

유부 ························1장
파 ························5cm
생강 ························1쪽
간장 ························적당량

❶ 유부는 오븐 토스터에 바삭하게 구워 세로로 반을 자르고 1cm 폭으로 자른다.

❷ 파는 어슷썰기를 하고, 생강은 간다.

❸ ②를 ①의 위에 올리고 간장을 뿌린다.

유부와 무 조림

■ 재료(2인분)

무 ························1/4개
유부 ························1장

끓인 국물
가다랭이 다시 ··············2 1/2컵
맛술 ························1T
묽은 간장 ··················1t

❶ 무는 껍질을 깎아 2cm 두께의 반달 모양으로 자르고, 유부는 2cm 폭으로 자른다.

❷ 냄비에 다시와 무를 넣고 강한 불에 올려, 끓어오르면 중간불에서 15~20분간 더 끓인다.

❸ 맛술과 간장을 넣고, 유부도 넣어 약한 불에 10분간 끓인다.

유부 청경채 조림

■ 재료(2인분)

청경채 ··· 2포기
유부 ··· 1장
A
다시 ··· 2컵
간장 ··· 3T
청주 ··· 1T
설탕 ··· 1t

❶ 청경채는 먹기 좋은 크기로 잘라서 깨끗이 씻는다.

❷ 유부는 세로로 반을 자른다.

❸ 냄비에 A를 넣고 끓이다가 유부와 청경채를 넣고, 끓으면 불을 조금 낮추고 뚜껑을 덮어 3분 정도 끓인다.

❹ 불을 끄고 3분간 뜸들이고, 그릇에 담는다.

유부 소보로

■ 재료(2인분)

유부 ··· 1장
얇게 저민 돼지고기 ··· 70g
양파 ··· 60g
당근 ··· 20g
만가닥버섯 ··· 50g
콩깍지 ··· 6장
물녹말 ··· $1\frac{1}{2}$T
A
다시 국물 ··· $1\frac{1}{2}$컵
설탕 ··· 2t
간장 ··· 2t
참기름 ··· 1t
B
녹말가루 ··· 2t
물 ··· 2t

❶ 유부는 반으로 잘라 오븐 토스터에 노릇노릇하게 구워 그릇에 담는다.

❷ 양파는 얇게 썰고 당근은 채 썬다. 만가닥 버섯은 하나씩 떼어 낸다.

❸ 꼬투리완두는 심을 떼고, 내열 그릇에 뜨거운 물과 함께 넣어 전자레인지에 넣고 1분간 가열하여 찬물에 담가 식힌다.

❹ 냄비에 ②와 돼지고기 저민 것을 볶다가 A를 넣어 끓인다. 마지막에 참기름을 넣어 B로 걸쭉하게 되도록 한다. ①에 뿌려 꼬투리완두를 곁들인다.

유부와 유채 조림

■ 재료(2인분)

유채 ··· $\frac{1}{2}$다발
유부 ··· 2장
A
다시 국물 ··· $1\frac{1}{2}$컵
간장 ··· 1T
맛술 ··· 1t
청주 ··· 1t
고춧가루 ··· 적당량

❶ 유채는 씻어서 적당한 크기로 썬다.

❷ 유부는 뜨거운 물을 부어 여분의 기름을 빼고 먹기 쉬운 크기로 자른다.

❸ 냄비에 A를 넣고 끓이다가 유부, 유채를 넣는다. 유채가 숨이 죽을 때까지 끓여 그릇에 담고 취향에 따라 고춧가루를 뿌린다.

계란 안주 요리

줄콩 샐러드

■ 재료(2인분)

줄콩 ··················150g(1팩)
계란 ························2개
햄 ··························6장
식초 소스
　식용유 ··················1 1/2T
　포도식초 ··················1/2t
　다진 마늘 ·················약간
　거친 서양겨자 ·············1/2t
　파슬리 다진 것 ···········1/2T
소금, 후추 ················약간씩

❶ 줄콩은 씻어서 심을 떼고 부드럽게 소금물에 데쳐 찬물에 담갔다가 건져내어 물기를 뺀 다음 5cm 길이로 잘라 둔다.

❷ 식초 소스를 만든다. 식용유 외의 재료를 그릇에 넣고 섞는다. 식용유를 조금씩 더해 가며 걸쭉해질 때까지 섞어 줄콩을 버무린다.

❸ 계란은 작은 그릇에 하나씩 깨 둔다.

❹ 냄비에 아래에서부터 3cm 정도 양의 물을 끓인다. 끓으면 5~10%의 식초(분량 외)를 넣고, 아주 약한 불에 ③의 계란을 천천히 넣는다.

❺ 노른자를 흰자가 감싸듯이 스푼으로 모아, 3~4분 정도 익힌다. 반숙 상태가 되면 키친타올에 올려 물기를 뺀다.

❻ 줄콩을 담고 그 위에 익힌 계란을 올려 소금, 후추를 뿌린 다음 가장자리에 햄을 장식한다.

계란 말이

■ 재료(2인분)

계란 ························ 5개
식용유 ······················ 적당량
무 간 것 ···················· 적당량
진간장 ······················ 적당량
A
다시 국물 ·················· 3T
설탕 ························ 3T
묽은 간장 ·················· 1t
소금 ························ 약간

❶ 그릇에 계란을 풀어 A를 넣고 모두 섞는다. 이때 거품이 나지 않도록 주의한다.

❷ 계란말이용 프라이팬을 달구고 식용유를 얇게 두른다음 계란을 한 방울 떨어뜨려 소리가 날 정도가 적당한 온도이다.

❸ 처음에는 많다 싶을 정도로 계란 풀은 것을 프라이팬 전체에 부어 젓가락으로 기포를 없앤다.

❹ 반숙 상태가 되면 젓가락으로 받쳐가며 앞쪽으로 말아 온다.

❺ 빈 부분에 키친 타올로 기름을 발라, 계란을 반대편으로 민다. 비어있는 앞쪽 부분에도 꼼꼼하게 기름을 바른다.

❻ 계란 풀은 것을 더 붓고 프라이팬 앞쪽을 들어서 젓가락으로 계란을 들고 계란 아래에도 계란 풀은 것을 붓는다.

❼ 반숙 상태가 되면 반대편부터 앞쪽으로 만다. 빈 부분에 기름을 바르고 계란을 반대편으로 밀어 ⑤와 같은 방법으로 반복한다.

❽ 다 구워지면 계란의 형태가 흐트러지지 않도록 말이용 발에 올려 만다. 무 간 것에 진간장을 떨어뜨려 계란에 곁들인다.

와사비 마요네즈 소스를 곁들인 삶은 계란 장어구이

■ **재료**(2인분)

삶은 계란 ···· 2개
장어(장어구이) ···· 1마리
마요네즈 ···· 30g
와사비 ···· 10g

❶ 마요네즈와 와사비를 섞어 소스를 만든다.

❷ 삶은 계란과 장어구이를 김밥처럼 만다.

❸ ②를 반으로 잘라 그릇에 담고, 소스를 뿌려 완성.

스페인풍 감자 오믈렛

■ **재료**(직경 20cm 1개분)

계란 ···· 6개
감자(중) ···· 1개
햄 ···· 4장
파슬리(다진 것) ···· 1T
소금, 후추 ···· 약간씩
올리브오일 ···· 2t

❶ 감자는 껍질을 벗겨 사방 1cm로 깍둑썰기한다. 햄도 깍둑썰기를 한다.

❷ 계란은 풀고, 파슬리, 소금, 후추 등을 넣는다.

❸ 달군 프라이팬에 올리브오일 1t을 두르고 감자를 볶는다.

❹ 감자가 엷은 갈색이 되어 꼬치가 쑥 들어갈 정도로 익으면 햄을 넣고 소금, 후추를 뿌린다.

❺ 프라이팬에 기름 1t을 두르고 ②의 계란을 한꺼번에 붓는다.

❻ 천천히 저어가며 구워 반숙이 되면 불을 낮춘다. 딱딱할 정도의 스크램블 에그 상태가 되면 도마 등을 사용하여 뒤로 뒤집어 양면이 노릇해질 때까지 굽는다.

장어와 깻잎 계란 말이

■ **재료**(2인분)

밤장어 ······ 1마리
계란 ······ 4개
A
다시 국물 ······ 1/2컵
간장 ······ 2t
맛술 ······ 1t
깻잎 ······ 2장
식용유 ······ 약간

❶ 장어는 가볍게 익혀서 3등분으로 자른다.

❷ 그릇에 계란을 깨뜨려 A를 넣고 푼다.

❸ 계란구이용 프라이팬에 기름을 두르고 ②를 전체에 퍼지도록 조금씩 넣는다.

❹ 어느 정도 계란이 익으면, 프라이팬의 위쪽에 깻잎과 장어를 놓는다. 재료를 계란으로 말아서 싸고 불을 끈다.

❺ 말이용 발에 키친타올을 겹치고 ④를 올려 만다. 형태를 다듬어 5~10분간 둔다. 기호에 따라 무 간 것을 곁들인다.

일본풍 오믈렛

❶ 버섯들은 물에 살짝 데쳐 놓고, 무를 갈아 놓는다.

❷ 계란과 다시, 소금을 섞어 달군 프라이팬에 기름을 두르고 펼치듯 넣는다.

❸ 익으면 무 간 것과 버섯들을 넣고 계란으로 싼 다음 오믈렛 형태로 다듬어 그릇에 담는다.

❹ 냄비에 A를 넣고 끓인 다음 물녹말로 걸쭉하게 만든다. ③에 뿌려, 가다랭이포와 잘게 썬 김을 곁들인다.

■ **재료**(2인분)

계란 ······ 4개
무 ······ 50g
만가닥버섯, 팽이버섯 ······ 10g씩
표고버섯, 새잎버섯 ······ 10g씩
다시 ······ 2t
소금 ······ 약간
가다랭이포, 잘게 썬 김 ······ 적당량
A
다시 ······ 5T
묽은 간장 ······ 1T
맛술 ······ 1T
물녹말 ······ 적당량
식용유 ······ 약간

두부 시금치 코코트

■ **재료**(2인분)

두부 ······ 1/2모
시금치 ······ 3포기
계란 ······ 2개
버터 ······ 적당량
화이트소스 ······ 1 1/2컵
타라곤(국화과의 여러해살이 풀) ······ 약간

❶ 시금치는 살짝 데쳐 물기를 빼고, 먹기 좋은 크기로 자른다. 두부는 무거운 것으로 눌러 물기를 뺀다.

❷ 수플레 용기에 버터를 바르고, 먹기 좋은 크기로 자른 두부를 깐 다음 동안 화이트 소스를 넣어 시금치를 올리고, 또다시 화이트 소스를 뿌린다.

❸ 계란을 깨서 넣고 타라곤을 올려 180도의 오븐에 약 15~20분 굽는다.

이탈리안 키슈

■ 재료(2인분)

계란 ··························2개
생크림 ····················$1^1/_2$컵
애호박 ······················$^1/_2$개
훈제연어 ·····················8개
올리브 ······················6개
딜(미나리과의 향미료) ········약간
소금, 후추 ·············각 약간씩
버터 ····················적당량

❶ 키슈 그릇에 버터를 바른다.

❷ 얇게 저민 애호박을 빈틈없이 깔고 연어를 올린다.

❸ 키슈액을 만들 계란은 잘 풀어서 생크림을 넣고 잘 섞는다.

❹ ②에 ③을 뿌려, 올리브 자른 것, 딜을 올려 180도의 오븐에 약 30분간 굽는다.

치즈 스크램블에그

■ 재료(1인분)

1인분 분량
계란 ··························2개
프로세스 치즈 ··················20g
버터 ··························10g
파슬리(다진 것) ··············$^1/_2$T
A
우유 ··························1T
소금, 후추 ················약간씩

❶ 프로세스 치즈는 1cm 정방형으로 자르고, 파슬리를 잘게 자른다.

❷ 그릇에 계란을 풀고 A로 간을 한다.

❸ ②에 치즈와 파슬리를 넣고 섞는다.

❹ 달군 프라이팬에 버터를 녹이고 강한 불에 ③의 계란 푼 것을 한 번에 부어 재빠르게 전체를 젓는다.

❺ 계란이 반숙이 되면 불을 끄고, 접시에 담는다.

유채와 만가닥 버섯의 계란 토지 (계란을 풀어서 끓는 국에 넣어 야채 · 고기 등의 건더기를 부드럽게 싸듯이 만든요리)

■ 재료(2인분)

유채 ······················$^1/_2$다발
만가닥 버섯 ···················1팩
계란 ··························2개
유부 ··························1장
가다랭이 다시 ··············$^1/_2$컵
간장 ··························1T
맛술 ······················$1^1/_2$T

❶ 유부는 뜨거운 물을 부어 기름을 빼고, 2cm 네모로 자른다.

❷ 유채는 씻어서 뿌리를 자르고, 3cm 길이로 자른다. 만가닥 버섯은 밑동의 대를 떼고 1~2개씩 나눈다. 계란은 그릇에 푼다.

❸ 얕은 냄비에 다시 국물과 간장, 맛술을 넣어 펄펄 끓이고 유부, 만가닥 버섯, 유채를 균일하게 뿌려 넣어 중간불에 살짝 끓인다.

❹ 푼 계란을 재빠르게 돌려 넣는다. 펄펄 끓으면 바로 불을 끄고 뚜껑을 덮어 남은 열로 가열하여, 계란을 부드럽고 폭신하게 완성시킨다.

팽이버섯 치즈 계란 볶음

■ 재료(2인분)

팽이버섯 ··········· 1봉지
계란 ··········· 2개
피망 ··········· 1개
피자치즈 ··········· $1/4$컵
소금, 후추 ··········· 각 약간씩
버터 ··········· 1T

❶ 팽이버섯은 밑동을 잘라내고, 하나씩 떼어낸다.

❷ 피망은 세로 반으로 잘라, 꼭지와 씨를 빼고 가늘게 썬다.

❸ 그릇에 계란을 풀고, 치즈와 소금, 후추를 넣고 섞는다.

❹ 프라이팬에 버터를 데워, 팽이버섯과 피망을 넣고 중간불에 볶는다.

❺ 숨이 죽으면 계란 물을 둘러넣고, 젓가락으로 크게 저어 볶는다.

❻ 계란이 반숙 상태가 되면, 불을 끄고 그릇에 담는다.

아스파라거스와 가리비의 코키유

■ 재료(2인분)

아스파라거스 ··········· 4개
가리비 ··········· 4개
화이트 와인 ··········· $1\,2/3$T
생크림 ··········· $1/4$컵
소금, 후추 ··········· 약간씩
계란 노른자 ··········· $1/2$개분
치즈가루 ··········· 약간

❶ 아스파라거스는 밑동을 자르고 겉껍질을 벗겨 살짝 데친다. $1/4$의 길이로 어슷썰기한다.

❷ 가리비는 가로 2장으로 잘라 냄비에 넣고 백포도주로 찐다. 찐 국물은 놓아 둔다.

❸ 그릇에 생크림과 소금, 후추를 넣고 거품을 낸다. 다른 그릇에 계란 노른자와 치즈가루, ②의 찐 국물을 넣고 거품을 낸 생크림과 섞는다.

❹ 코키유 접시에 가리비와 아스파라거스를 넣고 ③의 소스와 치즈가루를 듬뿍 뿌려 200도의 오븐에 5~6분 정도 굽는다.

* 코키유(Coquille) ; 생선, 고기, 야채 따위에 소스를 친 후에 조개껍데기나 조가비 모양의 접시에 담아 구워 낸 요리

콩깍지와 계란 볶음

■ 재료(2인분)

콩깍지 ··········· 100g
계란 ··········· 1개
식용유 ··········· $1/2$T
소금 ··········· 약간
간장 ··········· $1/2$T

❶ 콩깍지는 체에 올려 줄기를 떼고 끓는 물에 1~2분 데친 후에 찬물에 넣어 식혔다가 체에 걸러 둔다.

❷ 계란은 그릇에 깨와 약간의 소금을 넣고 잘 풀어 놓는다.

❸ 달군 프라이팬에 식용유를 두르고 강한불에 ①의 콩깍지를 볶는다.

❹ ②의 계란에 한 번에 붓고 재빠르게 섞어서 간장을 넣고 완성한다.

생선회

참치회

만드는 방법은 95쪽

오징어회

만드는 방법은 95쪽

흰살생선과 다시마

만드는 방법은 95쪽

전갱이회

만드는 방법은 96쪽

가다랭이회

만드는 방법은 96쪽

깨 양념장으로 무친 생선회

만드는 방법은 96쪽

요리를 시작하기 전의

기초지식

요리를 시작하기 전에 알아 두면 좋은 기초지식. 칼의 사용법이나 소재를 다루는 법을 알면 요리 솜씨가 크게 향상된다.

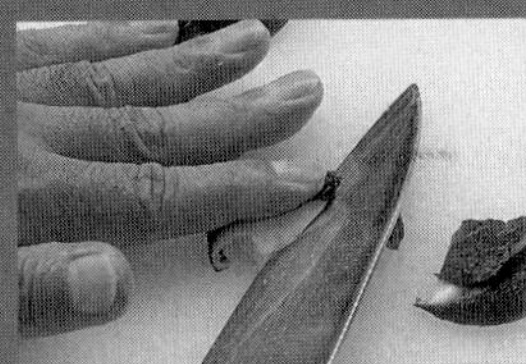

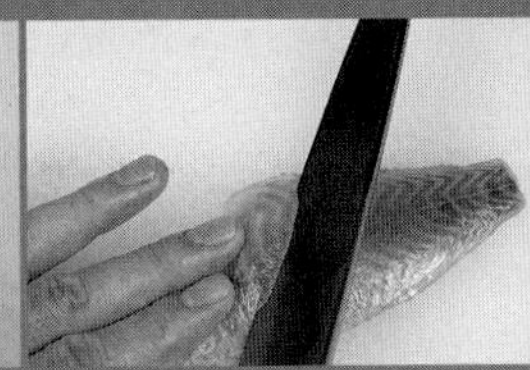

칼의 올바른 사용법

잘 알 것 같으면서도 쉽지 않은 올바르게 칼 잡는 법. 여기서는 기본적인 칼 잡는 법 세 가지를 소개한다.

1. 칼을 잡는 올바른 자세

칼을 잡는 올바른 자세

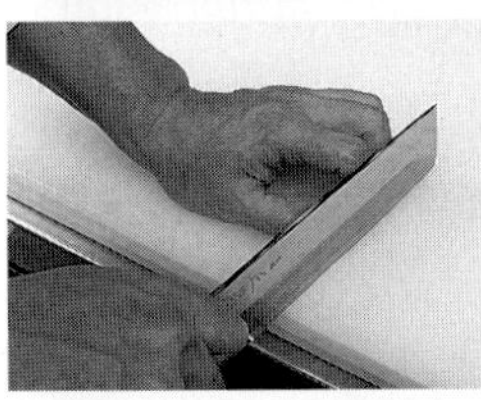

칼을 잡지 않은 반대 손은 가볍게 주먹을 쥐고 검지나 중지의 제1관절에 칼의 뒷면을 대도록 한다.

자세를 잡을 때에는 어깨너비로 다리를 벌리고 중심을 안정시킨다. 잘 쓰는 팔과 반대쪽의 다리를 조금 앞으로 내밀어 비스듬히 자세를 잡도록 한다. 이렇게 하면 안정감이 생기고, 칼을 다룰 때에 겨드랑이 부분이 불편하지 않다.

칼을 잡는 올바른 법

손가락을 내미는 유형

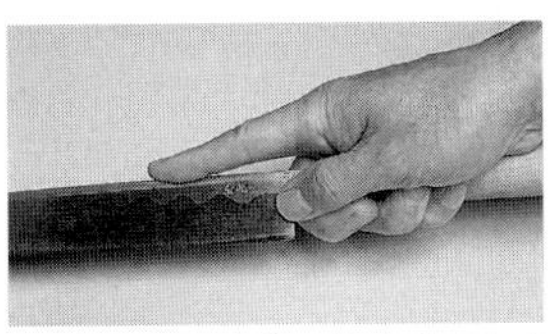

칼자루를 날에 가깝게 중지와 엄지로 쥐고, 새끼손가락과 약지로 지탱하듯이 한다.

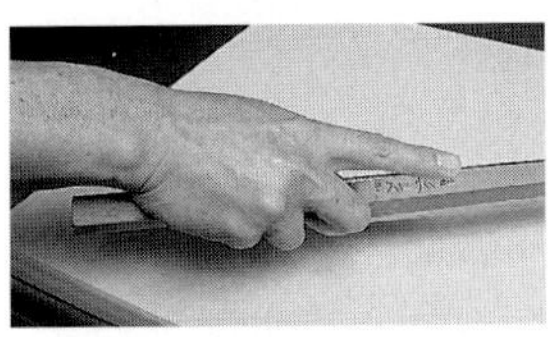

검지를 칼등에 가볍게 올린다. 생선회를 자를 때 잡는 법

움켜잡는 유형

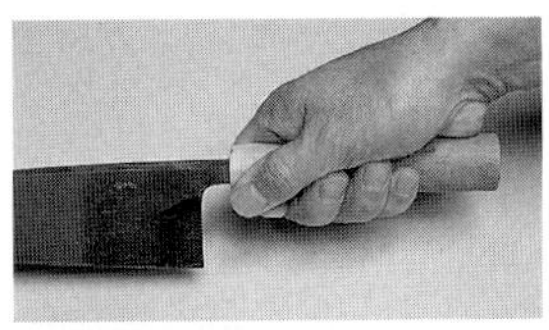

칼자루 부분을 다섯 손가락으로 꽉 쥔다.

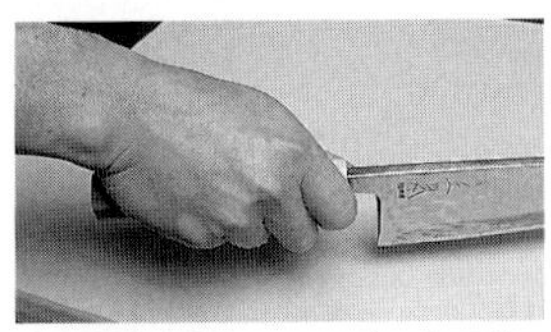

딱딱한 것을 두드릴 때 잡는 법

누르는 유형

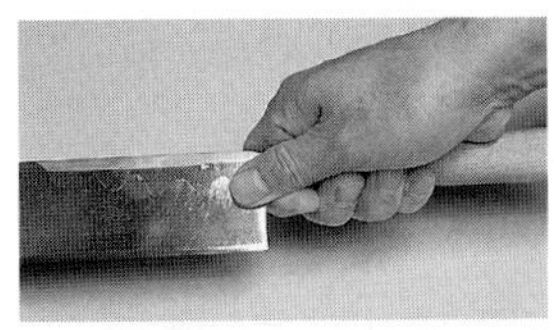

엄지와 검지에 끼워서 고정시켜서 잡는다.

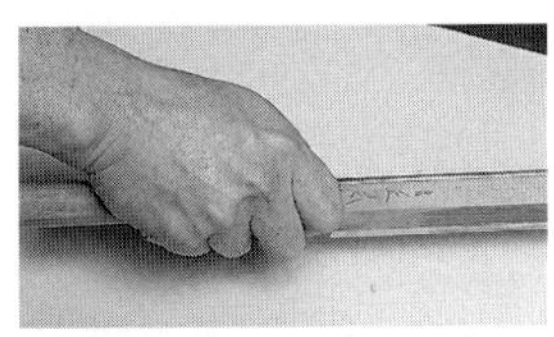

야채를 잘게 썰 때의 기본적인 잡는 법

2. 칼의 각 부분별 명칭과 기본적인 사용법

칼은 그저 자르는 도구가 아니다. 칼의 각 부분에 맞는 사용법이 있고 재료를 자르는 다양한 방법이 있다. 소재에 맞는 칼의 사용법을 익혀 요리의 효율을 높이자.

칼자루
실제로 본인이 잡아 보고 자신의 손에 맞는 것을 고른다.

칼등
야채의 껍질을 긁거나, 껍질이 단단한 것을 두드려 깰 때에 사용한다.

칼배
마늘이나 파 등을 으깰 때 요긴하게 쓰인다.

칼끝
토마토의 꼭지를 도려내거나, 깊게 칼자국을 낼 때에 사용한다.

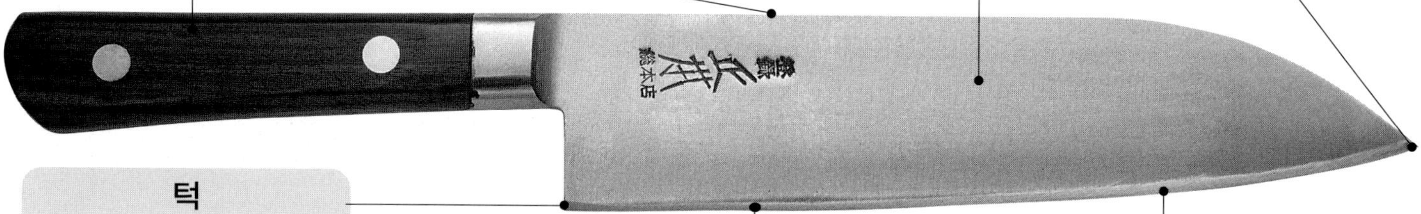

턱
감자의 싹을 빼내거나, 딱딱한 것을 떼어 낼 때 요긴하게 쓰인다.

칼자루에 가까운 부분
야채의 딱딱한 껍질, 고기 등의 딱딱한 부위를 두들겨 자를 때 편리.

칼날 칼의 자르는 날 전체를 말한다.

칼의 사용법

깎아 썰기

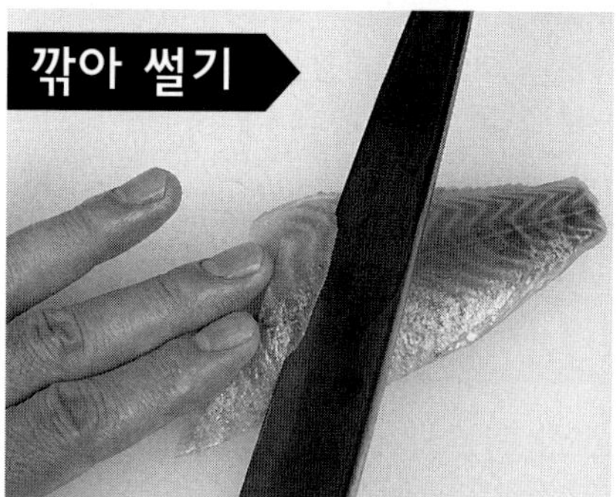

1 흰 살이나 얇은 살의 생선을 자를 때에 사용하며, 날의 중앙 부분을 기울여 생선에 댄다.

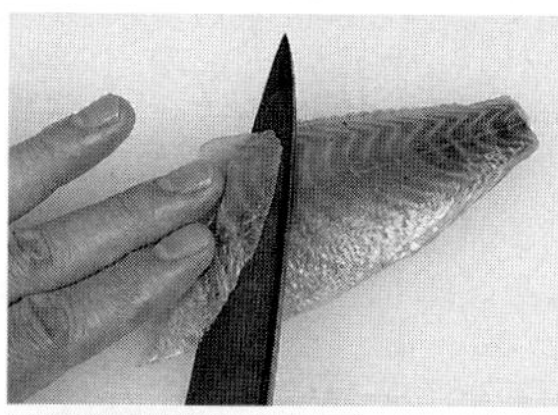

2 생선에 날을 댄 채 자기 앞쪽으로 당겨, 베어내듯 잘라 낸다.

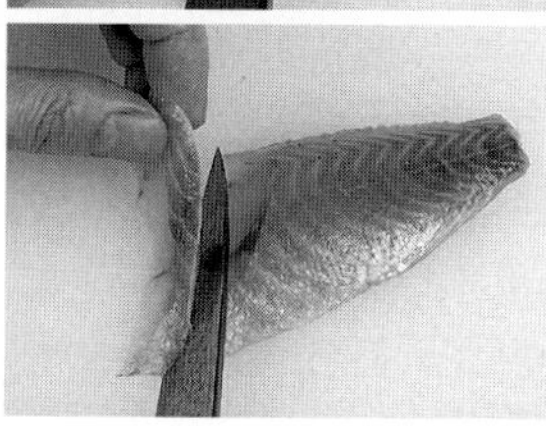

3 살을 잘라낼 때에는 왼손을 거들어 칼을 조금 세워가며 잘라낸다.

당겨 썰기

1 칼자루에 가까운 부분을 생선 덩어리에 칼을 조금 비스듬히 세워 댄다.

2 칼을 자기 앞쪽으로 당기듯이 하여 자른다. 칼끝까지 단번에 끌어 자른다.

칼끝, 칼자루에 가까운 부분, 턱의 사용법

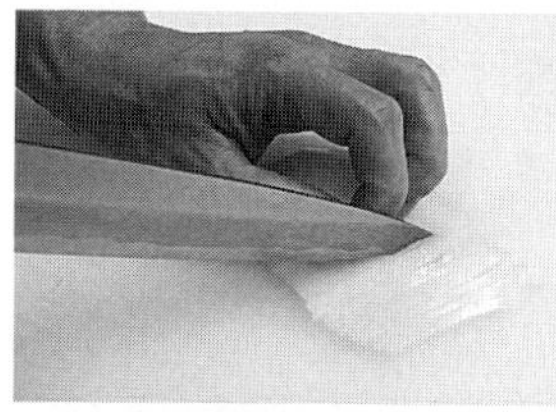

칼집을 넣는다
어개류를 잘게 썰거나, 칼집을 넣거나 할 때 사용한다.

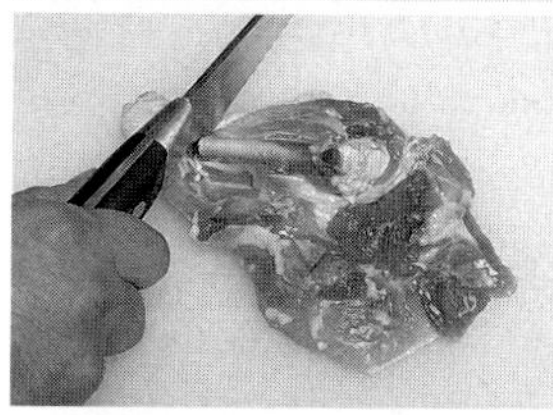

고기를 자른다
고기의 심이나 딱딱한 부분을 잘라낼 때 하모토로 두드리듯 잘라낸다.

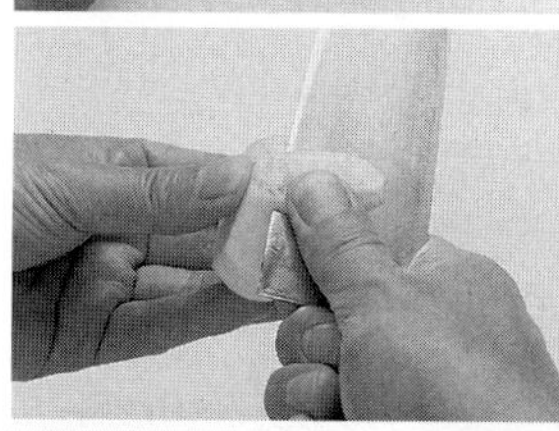

껍질을 벗긴다
무, 감자, 토란, 호박 등의 껍질을 벗길 때 사용한다.

싹을 도려낸다
감자의 싹에 턱을 찔러, 돌려가며 도려낸다.

칼등, 배의 사용법

두드린다

은행의 딱딱한 껍질을 두드려 깰 때에 요긴하게 쓰인다. 미끄러지지 않도록 눌러서 두들길 것.

긁어낸다

칼등을 사용하여, 우엉의 껍질에 대고 좌우로 움직여 껍질을 긁어낸다.

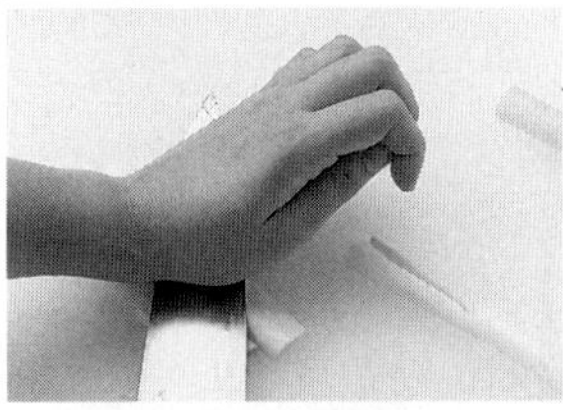

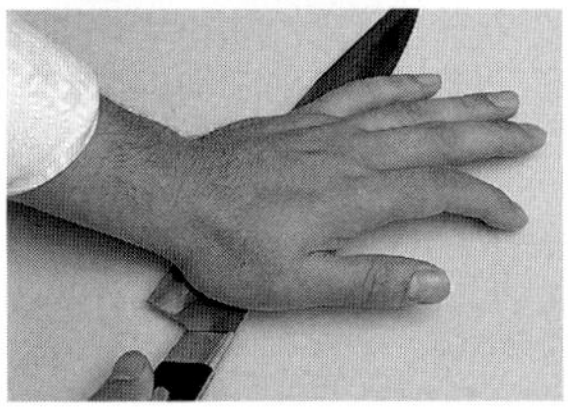

으깬다

파의 향을 낼 때 칼의 배를 사용하여 으깬다. 또, 마늘 등 작은 구근류나 열매 등을 두들겨 찌그러뜨릴 때에도 사용한다.
포인트는 칼의 배에 힘을 균등하게 가할 것.

소재별 칼의 사용법

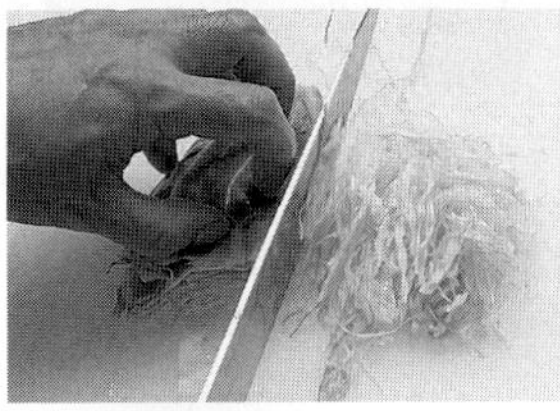

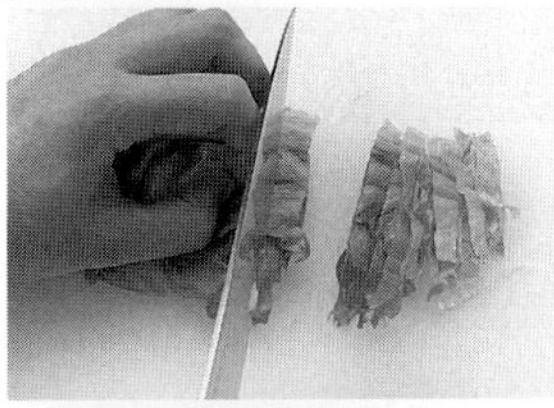

채 썬다.

양배추를 채썰기 할 때에는 3~4겹의 잎을 겹쳐 끝에서부터 가늘게 자른다. 직사각형으로 썰 경우에는 폭을 맞추어 자른다.

도려낸다

토마토의 꼭지를 떼어낼 때는, 칼끝을 꼭지에 찔러넣어 돌려가며 떼낸다.

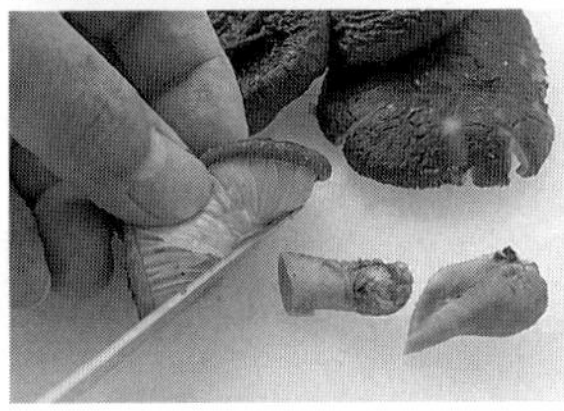

줄기를 잘라낸다

표고버섯의 심대를 떼어낼 때는 우산의 끝까지 잘라낸다.

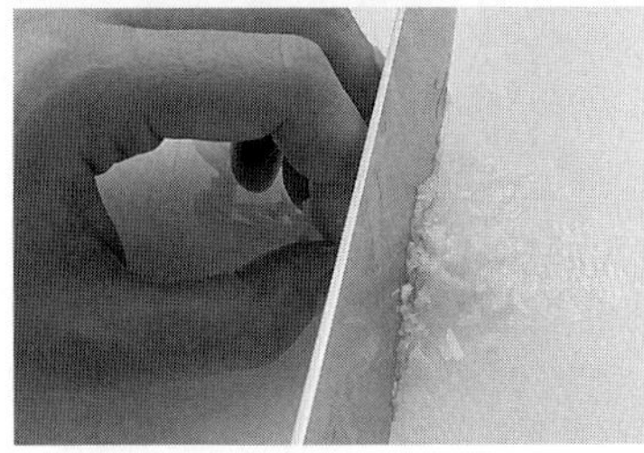

아주 잘게 썰기

섬유를 따라 얇게 잘라 그것을 겹쳐 채썰기 하여 끝에서부터 잘게 썬다.

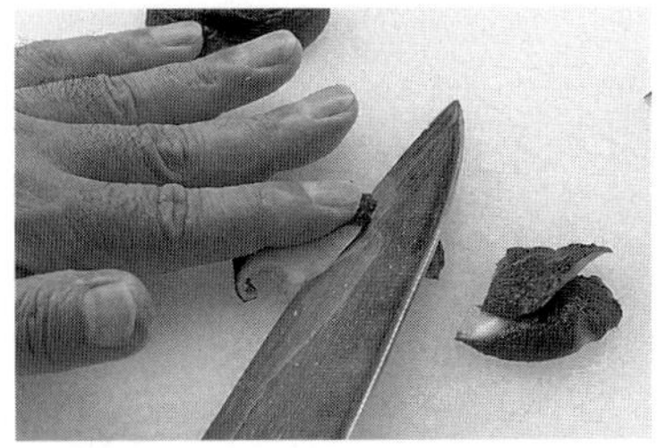

저미기

표고버섯과 같이 두께가 있는 것을 자를 때에는 깎아내듯 자른다.

3. 칼 가는 법

잘 들지 않는 칼로는 요리 솜씨가 좋아지지 않는다. 부지런히 손질하면 칼도 오래 쓸 수 있으므로 가는 습관을 익히도록 하자.

〈기본 자세〉

어깨너비 정도로 다리를 벌려 허리에 힘을 넣고 칼에 집중한다.

〈갈린 상태의 확인〉

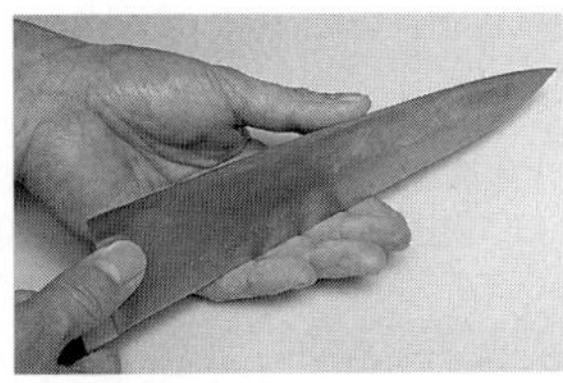

손가락으로 만져 보고, 걸리는 곳이 있으면 다시 간다.

〈시판 칼갈이〉

가정용의 간단한 칼갈이는 앞뒤로 끌어당기는 것만으로도 간단히 갈 수 있다.

가는 법

1 숫돌과 칼 사이에 100원짜리 동전을 끼워 각도를 유지하며 간다.

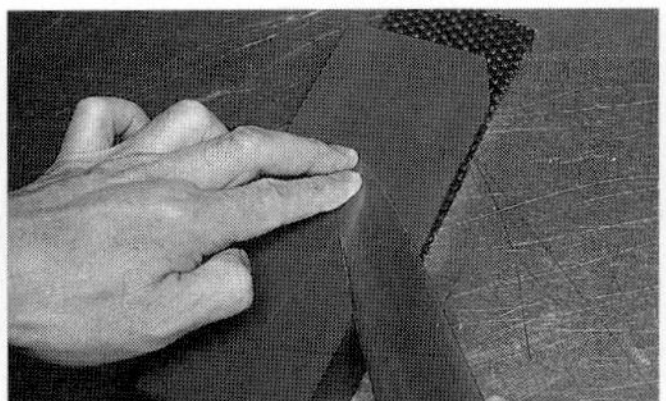

2 칼끝을 잘 갈고, 칼의 흰 부분도 잘 간다.

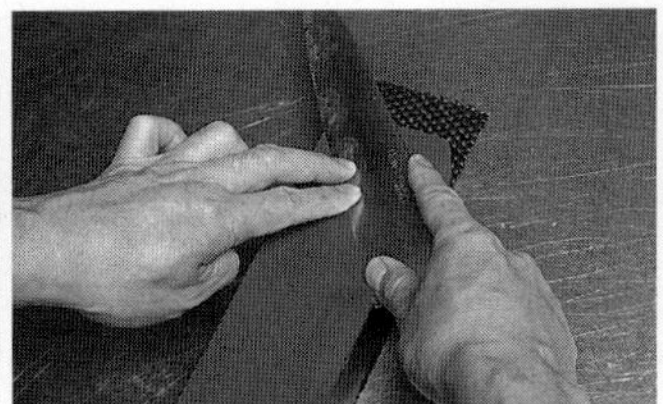

3 칼자루에 가까운 부분까지 같은 각도를 유지하며 간다.

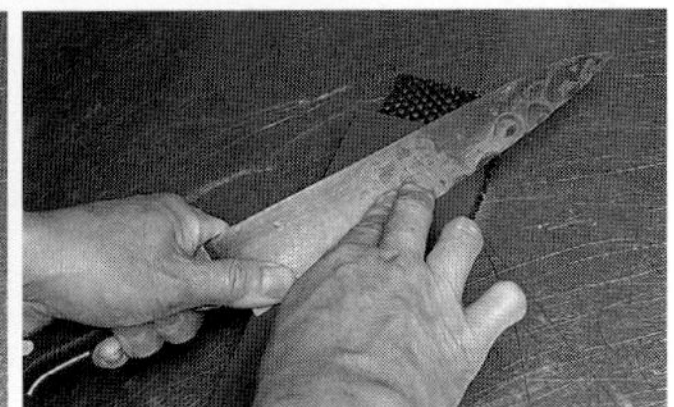

4 뒷면도 같은 방법으로 갈아 앞면의 꺼슬꺼슬함을 없앤다.

생선 손질법 기본

생선 손질은 어렵다고 생각하지만 기본 손질법을 익히면 어떤 생선도 잘 손질할 수 있다.

비늘을 제거하는 법

포인트 꼬리에서 머리를 향해 칼로 표면을 긁어내며 비늘을 제거한다. 너무 힘을 주면 살이 부서지므로 주의한다.

〈칼로 벗겨낸다〉

칼로 비늘을 벗길 때에는 생선의 꼬리부터 머리를 향해 칼을 세우듯이 하여 떼낸다.

〈비늘 벗기는 기구로 떼낸다〉

큰 생선이나 비늘이 딱딱한 생선은 비늘 벗기는 도구를 사용하면 비교적 간단하게 비늘이 벗겨진다.

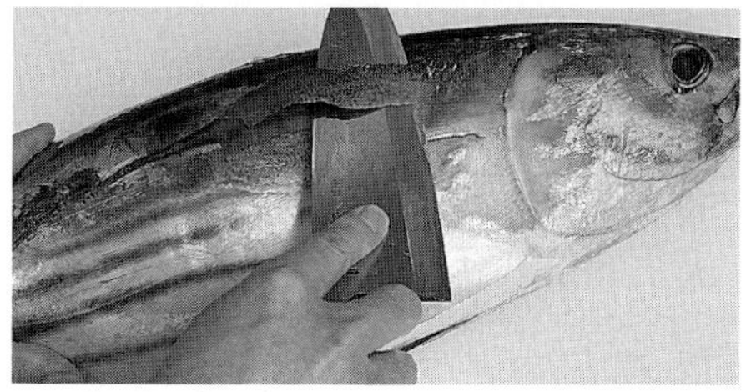

〈껍질 깎기〉

가다랭이 등의 껍질이 아주 딱딱한 생선은 날 폭이 넓고 등이 무거운 두툼한 칼로 꼬리에서 머리를 향해 깎듯이 베어낸다.

한 마리 통째로 사용할 때의 사전 준비

생선을 손질하기 전 사전 준비는 기본 중의 기본

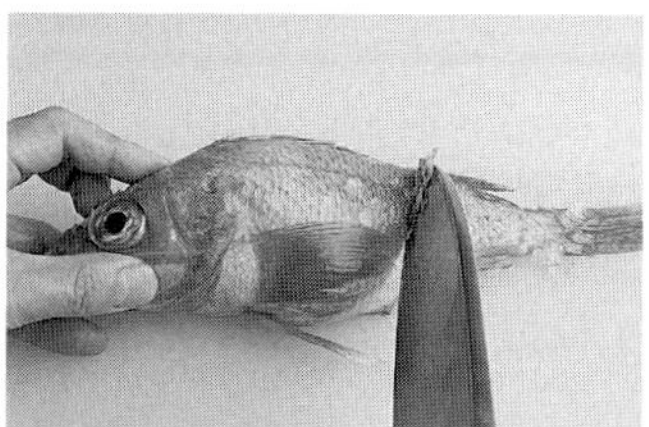

1 칼을 세워 꼬리부터 머리를 향해 비늘을 긁어 낸다.

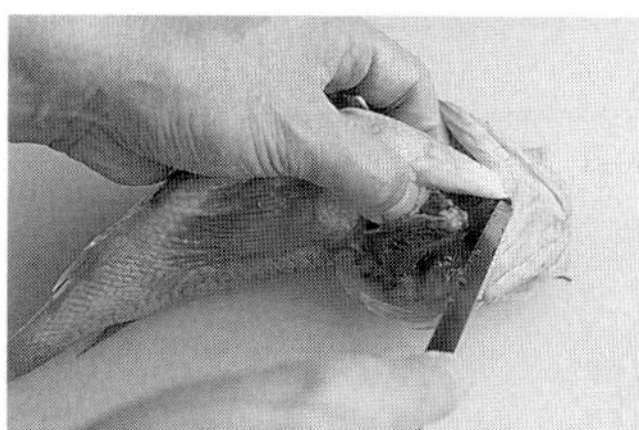

2 아가미를 열어 아가미를 떼내기 쉽게 한다.

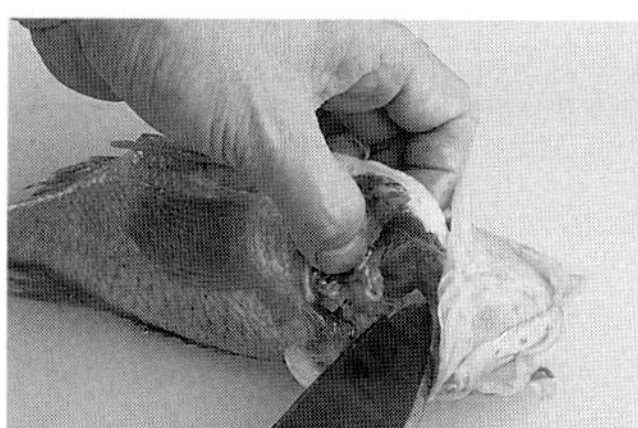

3 머리와 턱 아래에 있는 아가미의 부들기를 칼로 잘라 낸다.

4 칼끝에 아가미를 걸어서, 긁어내어 제거한다.

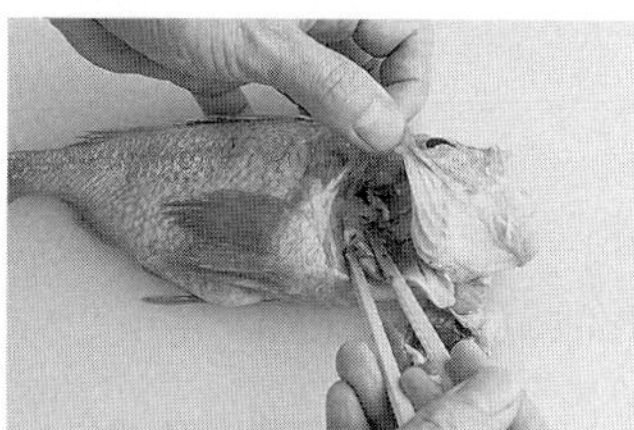

5 아가미로 젓가락을 넣어 내장을 꺼내는 방법도 있다.

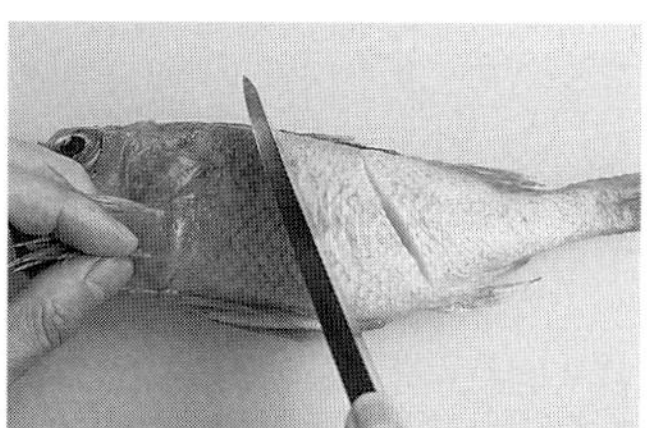

6 생선을 조리거나 굽는 경우는 장식용 칼집을 넣는다.

전갱이의 사전 처리

긴등가시, 아가미, 내장을 제거한다.

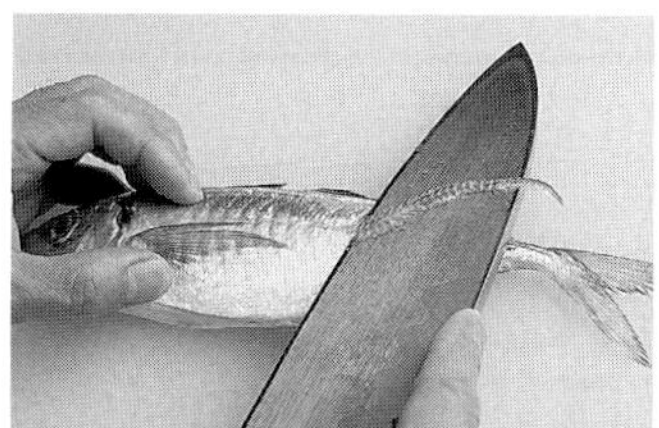

1 꼬리에서부터 칼을 넣어, 앞뒤로 움직여가며 긴등가시를 제거한다.

2 비늘은 꼬리 쪽부터 머리를 향해 칼로 떼어낸다.

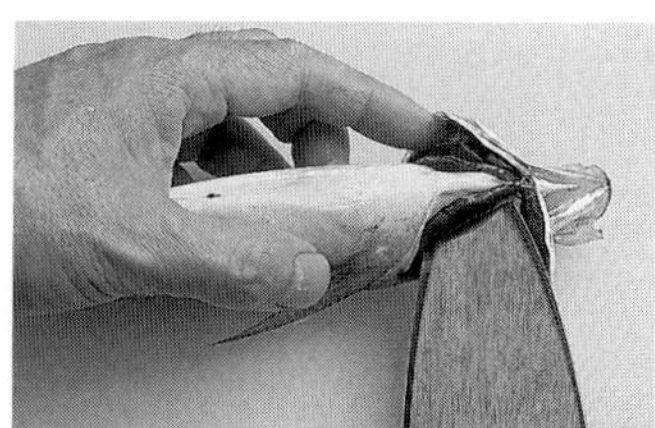

3 배가 위를 향하게 하여 아가미덮개를 열어 칼끝에 건다.

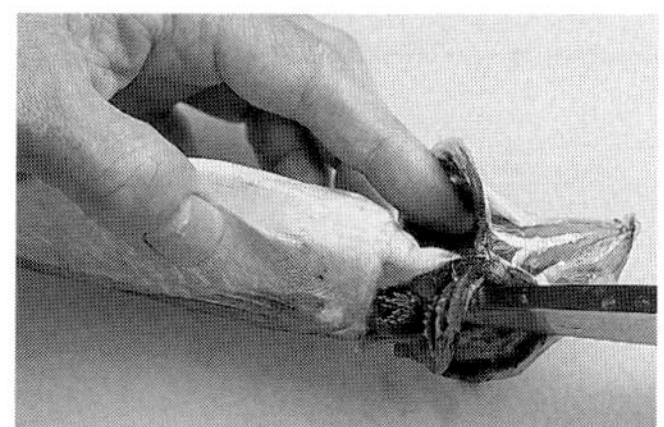

4 아가미를 건 채로 칼을 앞쪽으로 끌어낸다.

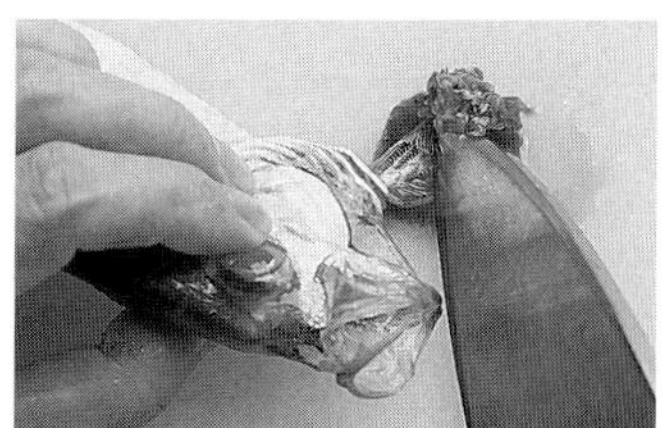

5 생선을 눕히고, 칼을 뒤집으며 아가미를 끌어낸다.

6 배지느러미의 아래에 칼을 넣어 날 끝으로 내장을 제거한다.

고등어 석 장 뜨기

고등어 석 장 뜨기는 생선 손질의 기본이 되는 손질법. 이 기법을 몸에 익히면 다양한 생선을 손질할 수 있으므로 확실히 익히자.

1

먼저 비늘을 제거한다. 칼을 세워, 꼬리 쪽부터 머리를 향해 칼로 비늘을 긁어내고, 뒷면도 같은 방법으로 제거한다.

2

비늘을 없앴다면 머리를 잘라 낸다. 칼을 똑바로 넣어 잘라 낸다.

3

배에 칼을 넣고 항문까지 갈라서, 내장을 확실히 제거한다.

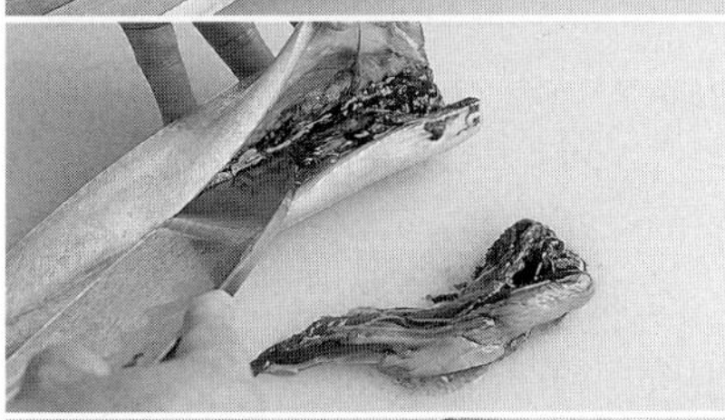

4

검붉은 부분은 칼끝으로 긁어내거나 끌어 당겨서 떼어 낸다. 검붉은 부분이 남으면 비린내가 나므로 물로 깨끗이 씻어낸다.

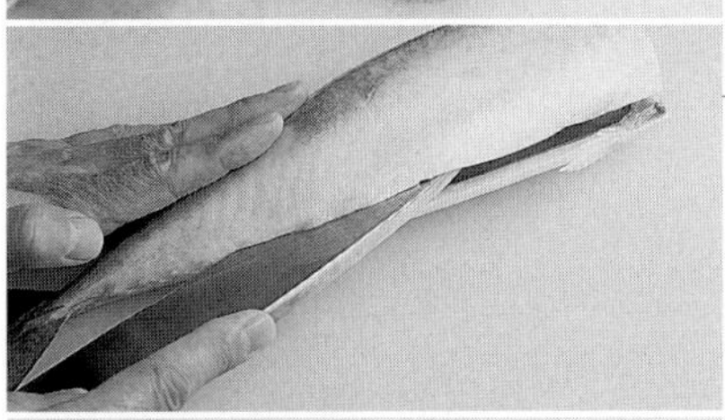

5

뒷지느러미에 칼을 넣어, 뼈를 따라 칼집을 넣어 간다.

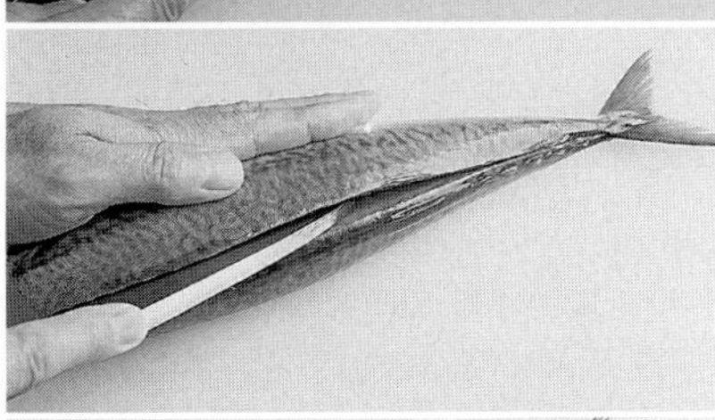

6

등지느러미의 위에서부터 칼질을 하여, 뼈를 따라 머리쪽까지 칼집을 넣는다.

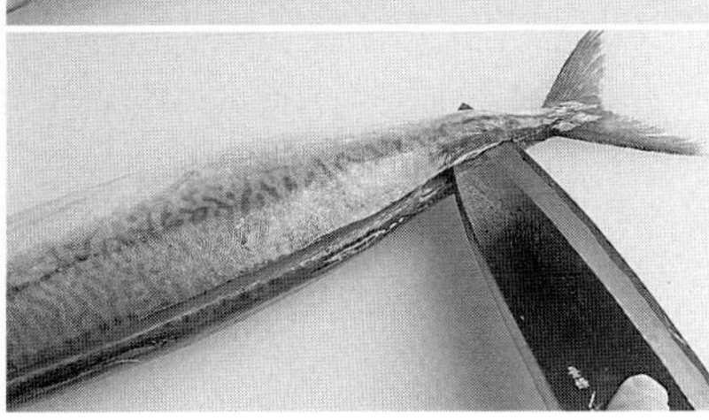

7

살과 등뼈를 분리하기 위해, 꼬리를 향해 칼을 넣는다.

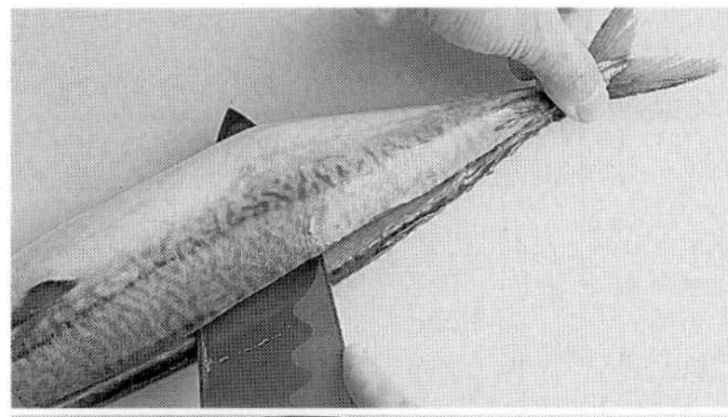

8

칼은 머리를 향해, 살과 등뼈를 따라 단번에 잘라 올라간다. 그 때 왼손으로 꼬리를 확실히 잡는다.

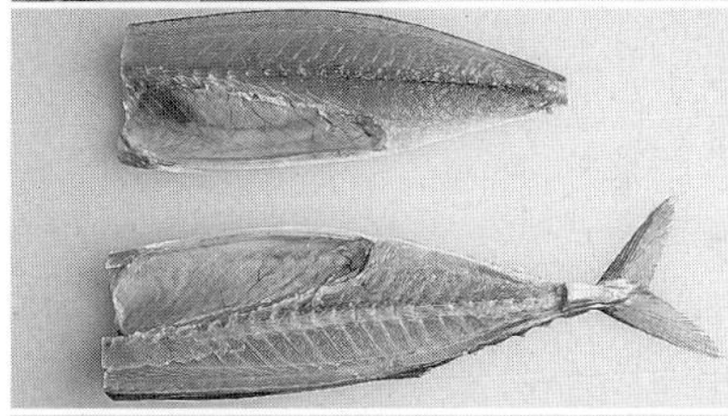

9

꼬리를 떼어 내면 두 토막이 된다. 생선 토막으로 조리할 때에는 이 상태에서 자른다.

10

등뼈를 아래로 하여, 등뼈를 따라에 꼬리 쪽까지 칼집을 넣어 간다.

11

배 쪽에서 등뼈를 따라 칼을 넣어 꼬리부터 배를 향해 칼집을 넣어 간다.

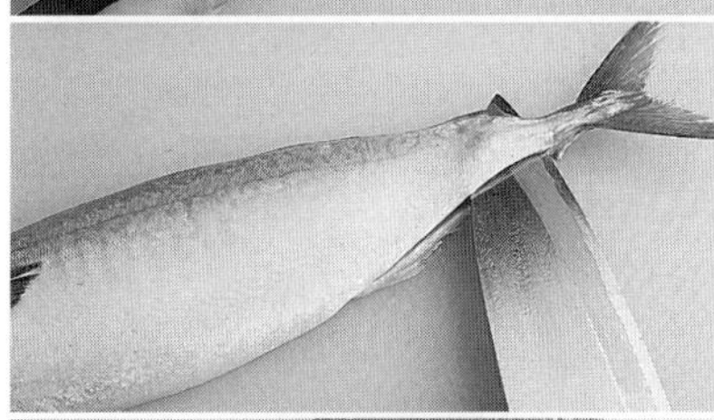

12

살과 등뼈를 분리하기 위해 꼬리 쪽을 향하여 다시 한 번 칼을 넣는다. 8과 같은 방법으로 살을 떠 낸다.

13

등뼈에 살이 거의 붙어 있지 않으면 완성.

14

살에 붙은 배의 가시를 떼어 내기 위해 칼날을 반대로 향하도록 쥐고, 배의 가시를 따라 칼집을 넣는다.

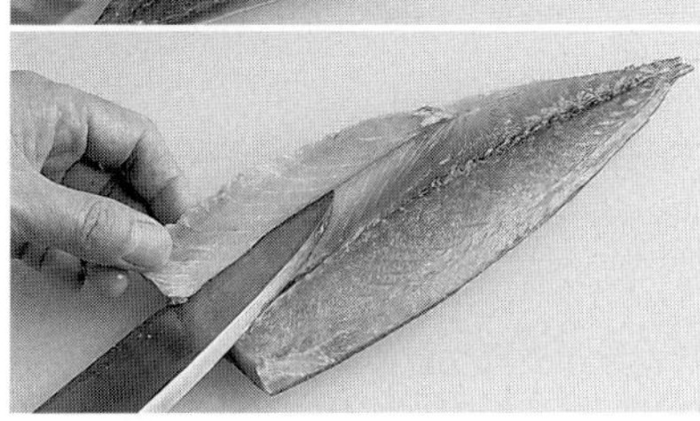

15

배의 가시에 칼을 비스듬히 넣어 눕혀가며 떠내듯 잘라 낸다.

정어리 손으로 가르기

1

칼끝을 사용하여, 꼬리 쪽부터 머리를 향해 비늘을 긁어 낸다.

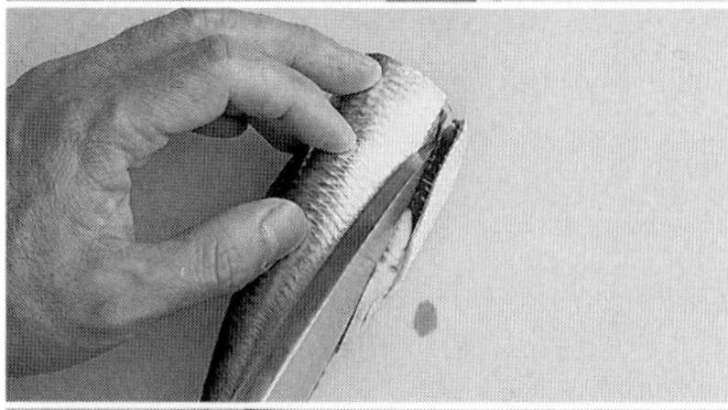

2

머리를 잘라 낸 후, 배 부분은 잔가시가 많으므로 잘라 낸다.

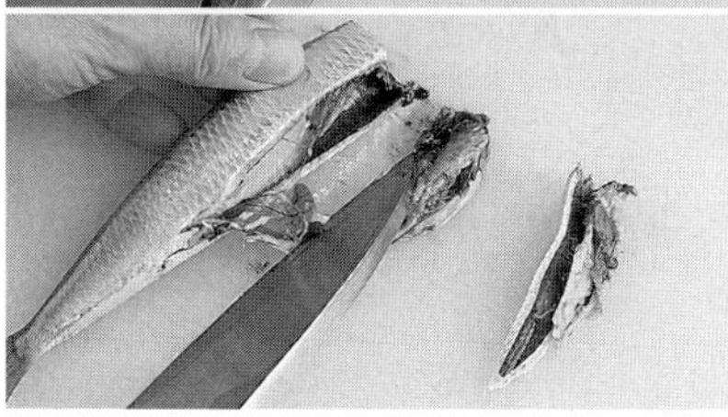

3

배에서 칼집은 넣어 항문까지 자르고 날 끝으로 긁어내어 자르고, 내장을 제거한다.

4

배의 한복판에 엄지 손가락을 넣어서, 등뼈를 따라 좌우로 연다.

5

등뼈를 잡고, 꼬리 쪽으로 뼈를 잡아 당기면 깨끗하게 떼어 낼 수 있다.

6

등뼈에 붙은 잔가시도 깨끗하게 떨어져서 칼이 없어도 깨끗하게 뼈를 제거할 수 있다.

보리멸의 등줄기 따라 가르기

주로 튀김이나 프라이에 사용하는 생선 손질법

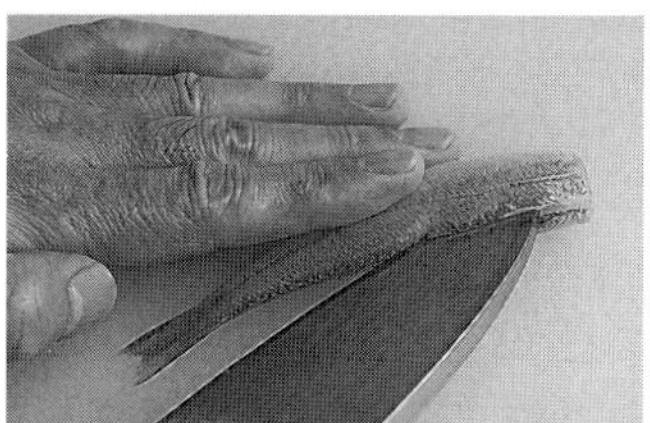

1 비늘과 머리를 잘라내고, 등뼈를 따라 칼집을 넣어 꼬리까지 가른다.

2 반대쪽으로 등뼈를 따라 칼질을 하여 살을 발라낸다.

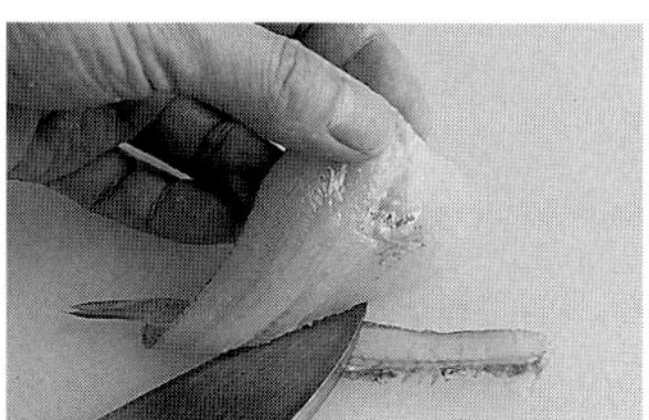

3 가른 쪽을 아래로 하여, 등뼈와 살 사이에 칼을 넣는다.

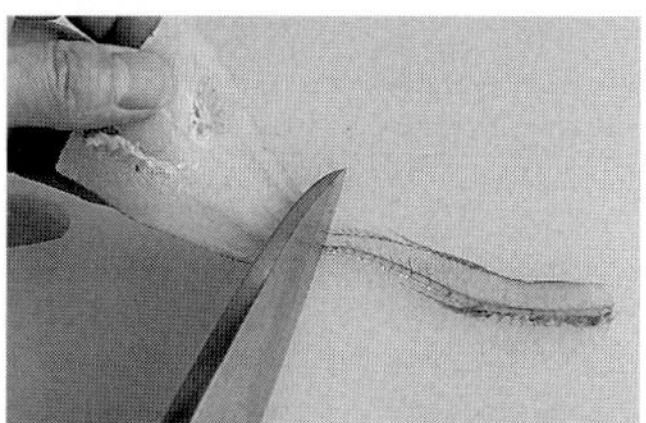

4 꼬리까지 잘라, 등뼈를 발라낸다.

5 배 가시에 비스듬히 칼을 넣어 떠 내듯이 하여 잘라낸다.

6 등줄기 자르기의 완성. 튀김이나 구이에 적합하다.

전갱이의 석 장 뜨기

뼈 주위에 붙어있는 살이 가능한 없도록 살을 발라낸다.

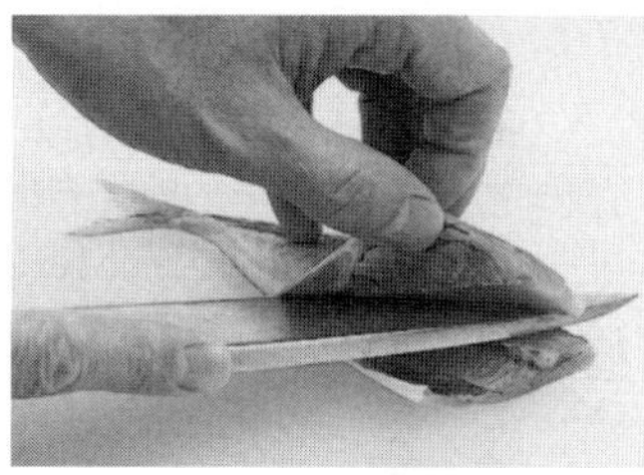

1

꼬리에서 칼을 넣어 전갱이의 꼬리 가까운 옆줄에 한 줄로 늘어선 가시같이 생긴 비늘을 없앤다. 머리를 잘라내고, 내장을 제거해서 깨끗하게 물에 씻는다. 머리에서 등뼈를 따라 칼질한다.

2 칼을 당겨가며, 꼬리까지 가른다.

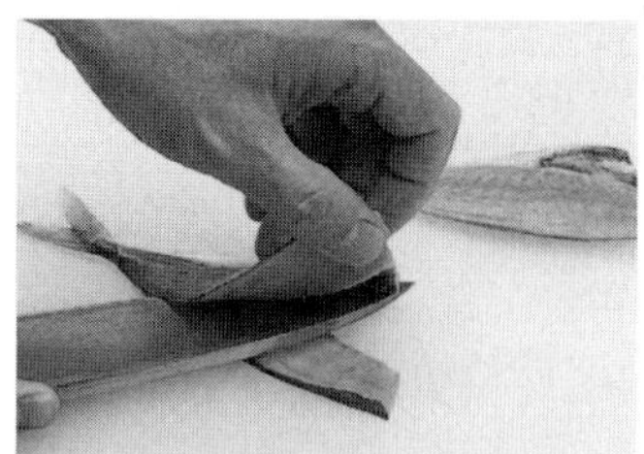

3 반대편도 같은 방법으로 등뼈를 따라 살을 발라낸다.

4 등뼈에 살이 적으면 잘 손질한 것이다.

포인트

석 장 뜨기는 전갱이나 정어리 등 작은 생선을 손질할 때 사용되는 기법. 등뼈에 가능한 한 살이 붙지 않도록 자르는 것이 포인트.

오징어 손질

오징어는 언뜻 보기엔 손질하기 어려워 보이나 의외로 어렵지 않다. 오징어 요리는 오징어회부터 볶음까지 폭이 넓으므로 확실히 익혀 두자.

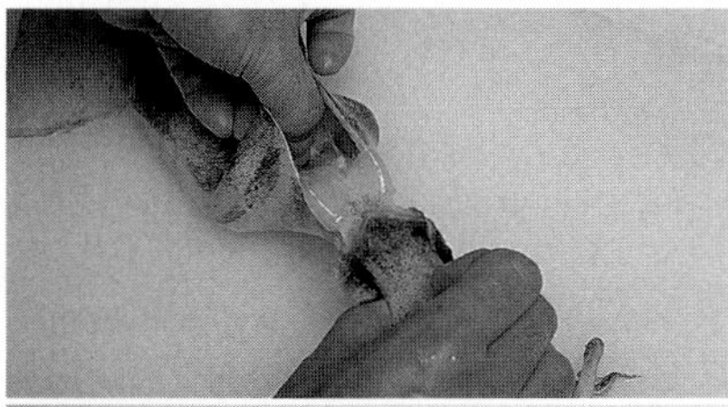

1

다리와 몸통을 잇고 있는 연골을 들어올려서 떼어내고, 다리를 잡아 당겨 내장을 꺼낸다.

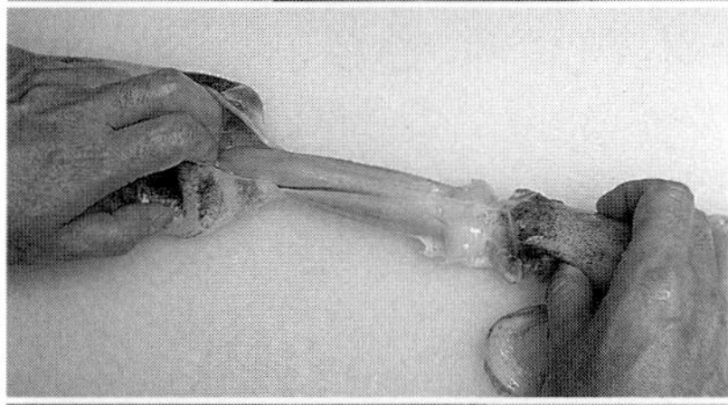

2

먹물주머니가 터지지 않도록 내장을 몸통에서부터 조심스럽게 뽑아 낼 것.

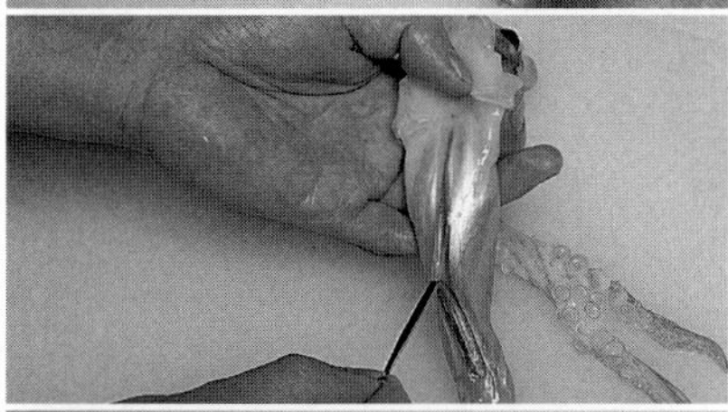

3

몸통에서부터 떼어 낸 후, 내장에 붙어 있는 먹물주머니를 터뜨리지 않도록 주의하며 제거한다.

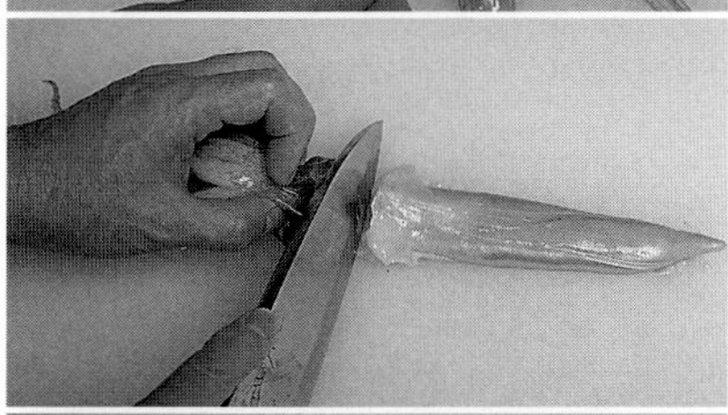

4

내장과 몸의 경계를 잘라 다리와 내장을 떼어낸다. 떼어낸 내장은 젓갈이나 조림에 이용할 수 있으므로 남겨 둔다.

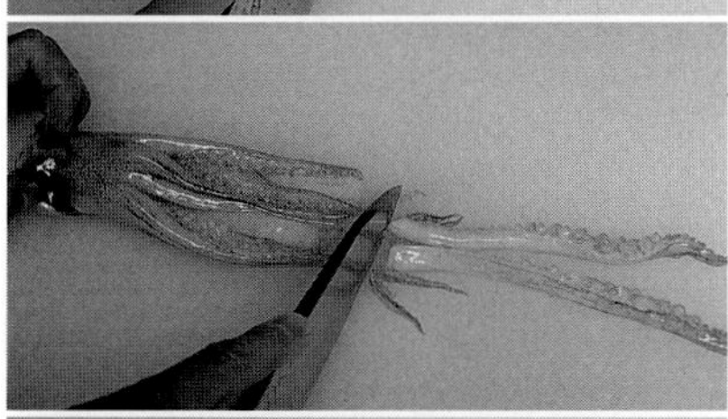

5

긴 다리가 두 개 있으므로 다른 다리와 길이를 맞추어 가지런히 자른다.

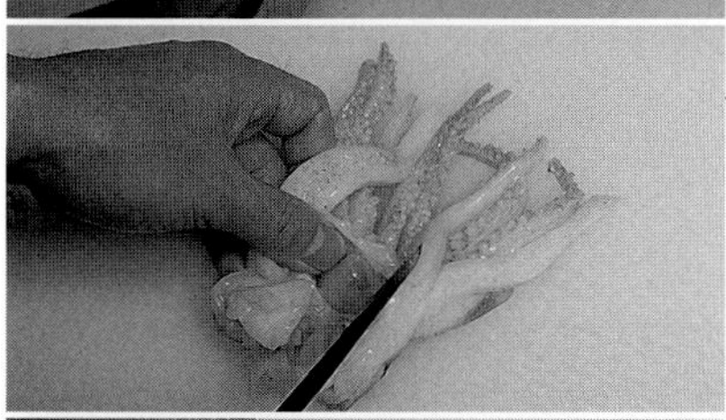

6

눈과 눈 사이에 칼을 넣어 잘라서 가르고, 주둥이를 떼어 내기 쉽게 한다.

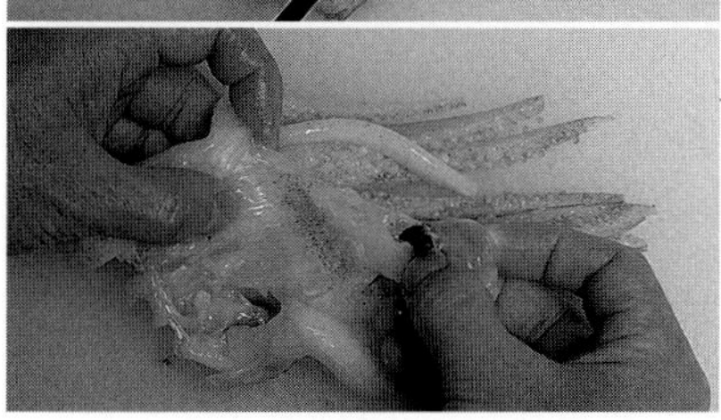

7

다리에 붙어 있는 주둥이를 손으로 잡아 당겨서 떼어낸다.

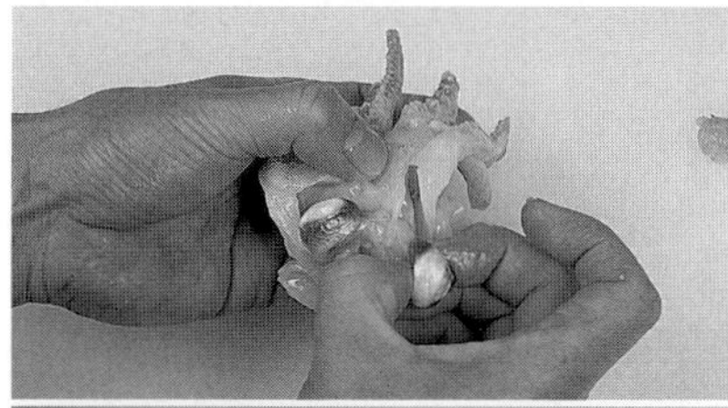

8

눈을 찌그러뜨리지 않도록 신중하게 떼 낸다. 물 속에서 떼어내면 물이 튀지 않아 깔끔하게 떼어낼 수 있다.

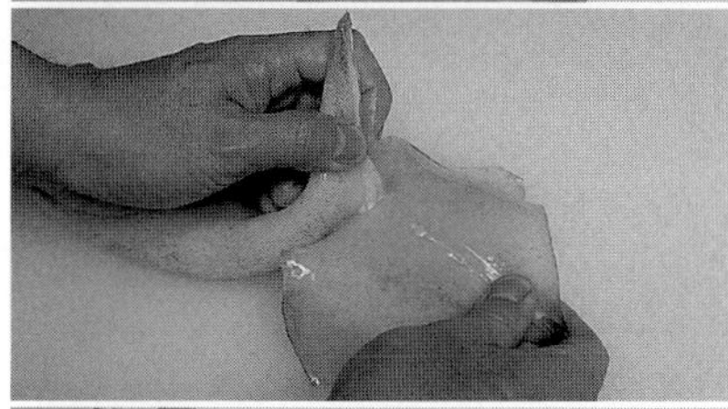

9

지느러미를 누르고 지느러미와 몸통 사이에 손가락을 넣어 지느러미를 떼어낸다.

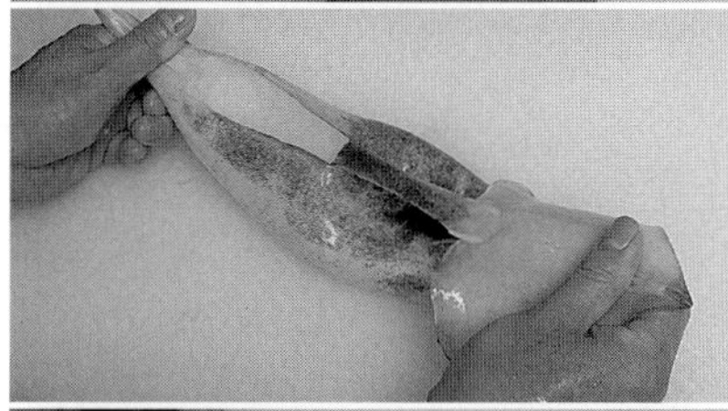

10

지느러미를 떼어낼 때 몸통의 껍질이 함께 벗겨지므로 그대로 벗긴다.

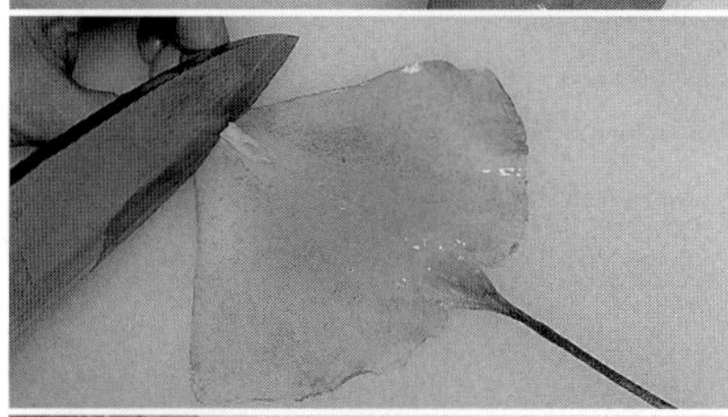

11

남은 지느러미의 끝에 껍질을 벗겨내기 위한 칼집을 넣는다.

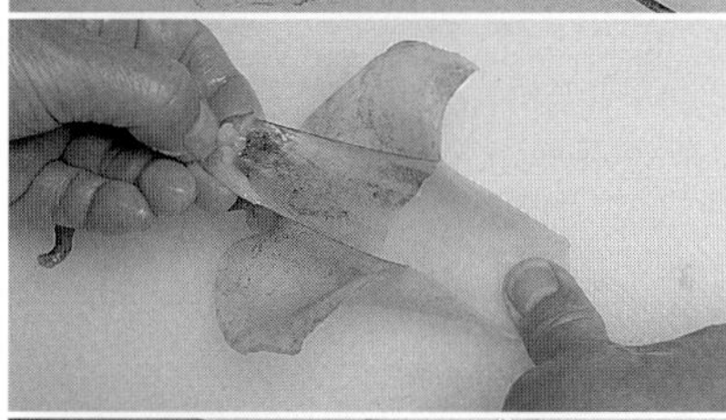

12

칼집을 넣은 부분의 껍질을 잡아, 아래로 잡아 당겨서 벗긴다.

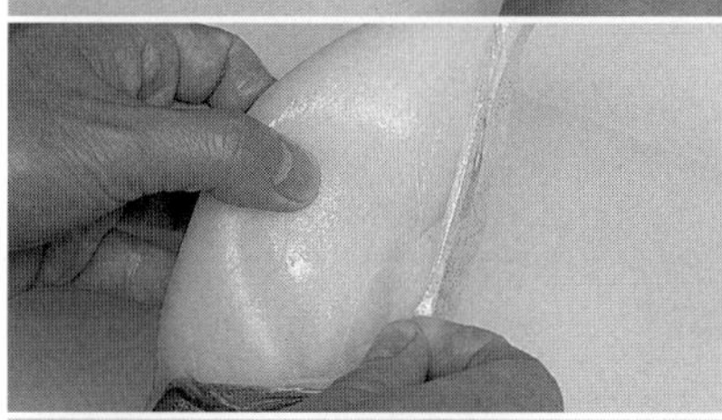

13

남은 몸통의 껍질은 귀를 벗겨낸 부분에서 벗겨낸다. 껍질 아래에 얇은 껍질이 있으므로 잊지 말고 확실히 제거한다.

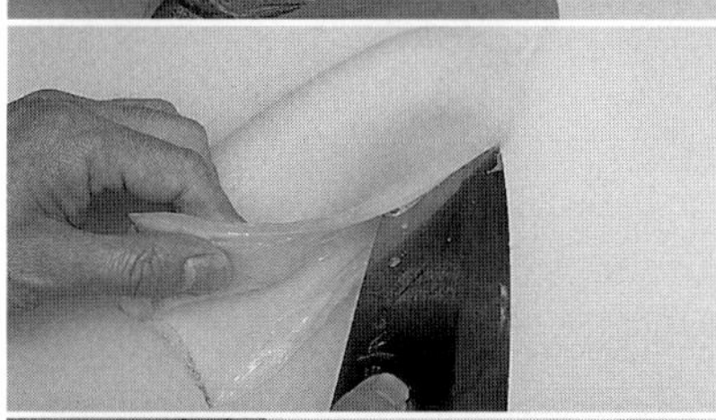

14

몸통을 손으로 눌러, 밑둥에 각이 진 곳에서부터 자른다. 칼을 안쪽으로 미끄러지듯이 가른다.

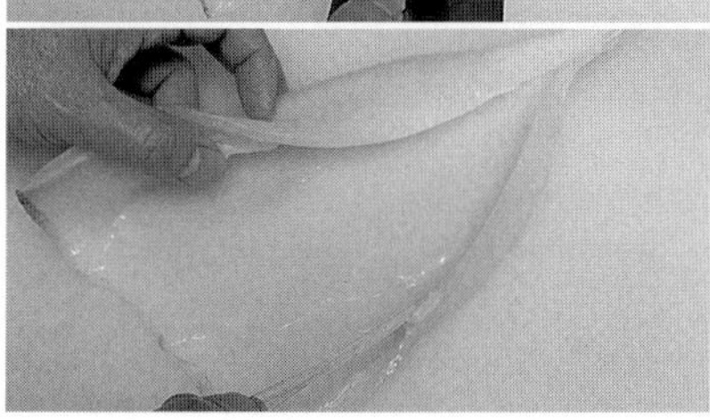

15

갈라진 곳에서 연골을 떼어낸다. 남아 있는 내장이나 끈적이는 물질을 씻어내고 물기를 닦아낸다.

「생선회」 요리의 기본

생선은 종류가 많으므로 소재에 따라 알맞은 방법으로 썰어야 맛과 식감을 보다 잘 살릴 수 있다. 시간이 오래 걸리면 신선도가 떨어지므로 빠르게 손질하도록 하자.

자르기부터 담기까지

포인트
- 잘 드는 칼과 도마는 필수
- 신선한 생선을 고른다.
- 비늘 제거부터 담기까지 신속하게 손질한다.

준비

◆잘 드는 칼을 준비한다.

생선을 손질할 때 칼과 도마는 필수품이다. 잘 들지 않는 칼로 생선을 손질하면 생선살이 으스러지거나 절단면이 깨끗하지 못해, 맛도 떨어진다. 그리고 깨끗한 젖은 행주를 도마 옆에 준비해두자.

◆곁들이는 야채의 역할

회에 곁들이는 야채들은 예쁜 색감을 연출한다. 또한 생선의 나쁜 냄새를 없애고 소화가 잘 되게 하며, 살균역할도 한다.

무나 당근 이외에 붉은 새싹, 붉은 이삭 등이 있다.

오이 고추냉이 받침대

◆신선한 생선을 골라 빠르게 손질한다

회는 신선도가 생명이므로 신선한 생선을 고르는 것이 중요하다. 그러기 위해서는 선별법을 알아야 한다.

〈참치의 부위 분별법〉

붉은살

지방분이 적은 붉은 살은 회를 비롯해 김초밥이나 카르파쵸에 적당하다. 곱고 선명한 붉은색인 것을 고른다.

중뱃살

살이 야무지고 단단한 것을 고르고 심줄이 들어가 있는 것은 피한다. 지방의 단맛과 붉은살의 맛을 함께 즐길 수 있는 부위

대뱃살

지방이 많은 참치의 뱃살을 말한다. 지방 부분의 결이 촘촘한 것이 식감이 좋고 맛있는 것이다.

만들기

◆넓적하게 썰기

대표적인 자르는 법으로 살이 얇은 생선을 제외한 대부분의 생선에 사용할 수 있다. 토막으로 자른 살을 도마의 자기 앞쪽에 놓아 껍질 쪽을 위로 하고 두터운 부분을 아래로 한다.

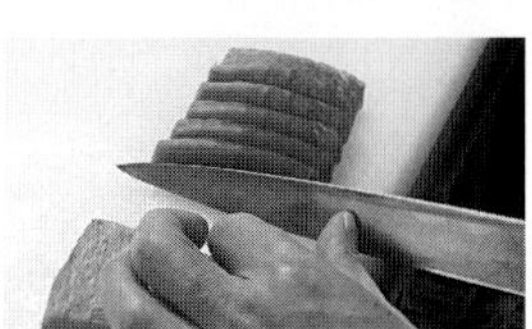

◆채썰기

가늘게 썰기라고도 하며, 절단면에서부터 가늘게 자르는 방법. 전갱이 다짐은 채썰기의 응용으로 양념(향신 야채)과 섞는다. 오징어 등에서도 자주 사용한다.

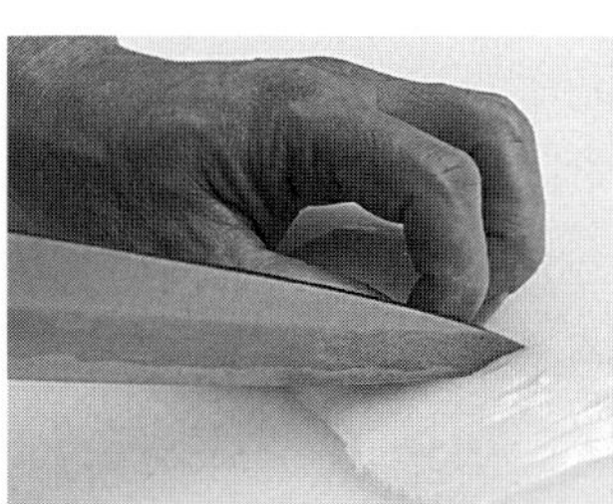

선술집 안주는 역시 생선회!

생선회를 토막부터 썰어 보자

살덩어리의 가격이 적당하고, 기본을 익히면 가정에서도 간단히 이용 할 수 있다.

참치

생선회의 대명사 참치!
같은 참치라도 써는 방법에 따라 맛이 변한다.

넓적하게 썰기

포인트는 칼을 크게 사용하여 한 토막 한 토막의 각을 정확히 세우면서 덩어리로 자르는 것이다.

칼을 왼쪽으로 조금 눕히듯이 살덩이 위에 놓고, 앞쪽으로 잘라낸다. 왼손으로 덩어리를 누른다.

칼을 크게 사용하여, 칼의 턱으로 칼끝까지 아래로 '슥' 하고 한 번에 당겨 자른다.

칼을 크게 사용하여, 칼의 턱으로 칼끝까지 아래로 '슥' 하고 한 번에 당겨 자른다.

각이 선 넓적하게 썰기 완성. 단면도 미끄러지듯 매끈매끈한 마무리가 된다.

저며 썰기

칼을 눕혀 깎아 내듯 자르는 것이 저며 썰기이다. 덩어리의 왼쪽 끝에서부터 칼을 부드럽게 넣어 간다.

칼을 오른쪽으로 눕히듯이 두고, 왼쪽으로 저며 썬다.

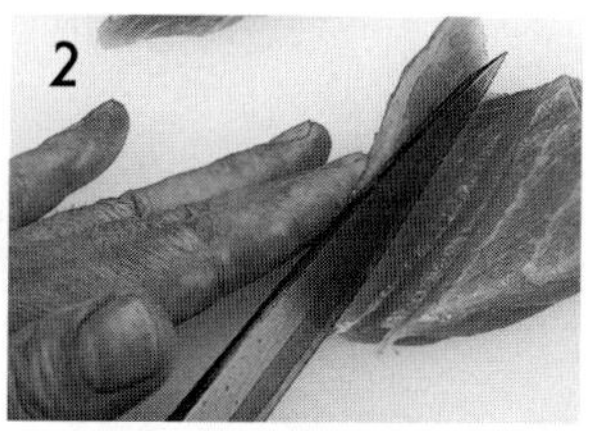

떼어낼 때에는, 칼을 세워서 그대로 당기듯이 하여 잘라낸다.

각 썰기

붉은살의 각 썰기는 큰 사각형으로 잘라야 붉은살의 맛을 즐길 수 있다.

살덩어리를 세로 반으로 잘라, 주사위 모양이 되도록 같은 간격으로 잘라낸다. 넓적하게 썰기와 마찬가지로 각이 꼿꼿이 서도록 자른다.

각 썰기의 완성. 각이 꼿꼿이 서게 마무리.

오징어

살아있는 것을 구입하여 가정에서 손질하는 것이 좋다. 올바른 손질법으로 맛있는 회를 만들자.

실 만들기

내장에는 먹물 주머니가 달려 있어서 터뜨리면 시커멓게되어 버린다. 내장을 제거할 때는 터뜨리지 않도록 주의한다.

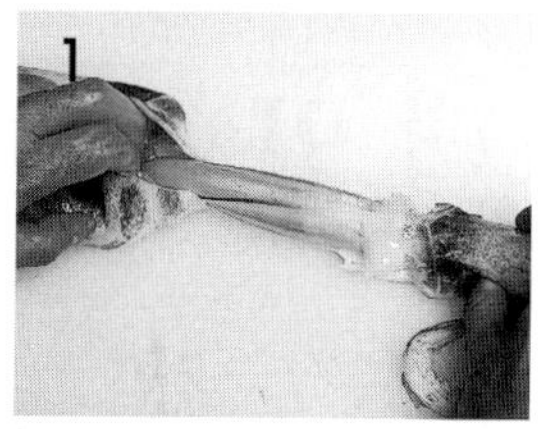

다리와 몸통을 잇고 있는 연골을 들어올리며 떼어내고, 다리를 잡아 당겨서 내장을 꺼낸 다음 다리와 몸통을 나눈다.

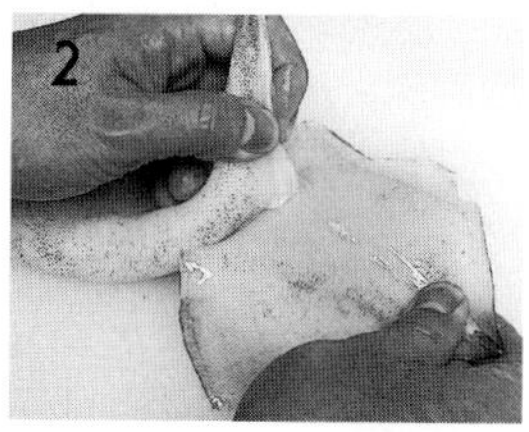

지느러미를 눌러 지느러미와 몸통 사이에 손가락을 넣고 지느러미를 벗긴다.

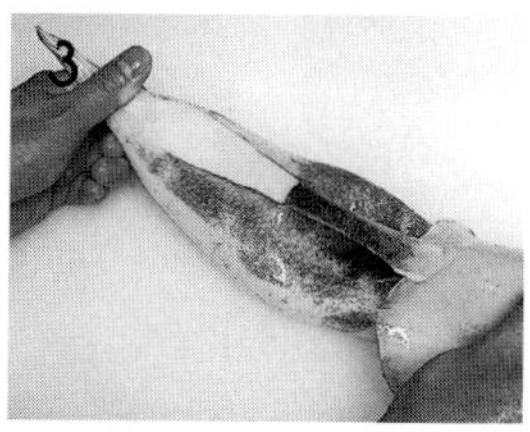

지느러미를 벗기면 몸통의 껍질이 벗겨지므로, 그대로 아래로 당겨 몸통의 껍질을 벗겨낸다.

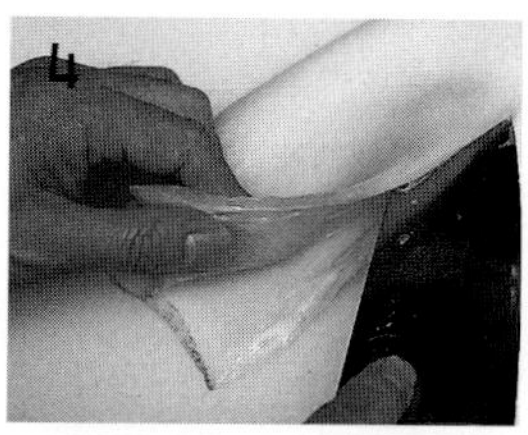

몸통을 손으로 누르며, 모퉁이에 칼을 넣어 한 장으로 만든다. 몸통의 아랫 부분은 껍질이 남으므로 칼로 잘라낸다.

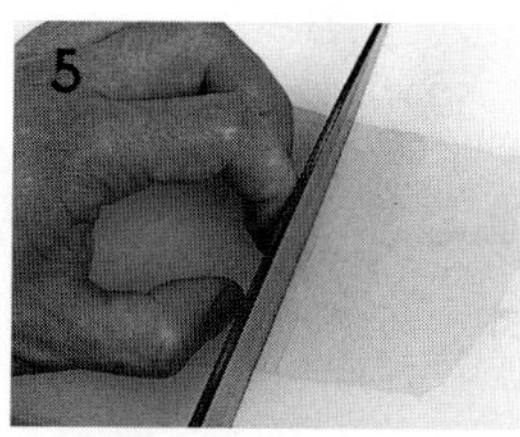

몸통에 세로로 가는 칼자국을 넣는다. 칼의 날끝을 세워 자기 앞쪽으로 한 번에 당기는 것이 포인트.

야채로 장식 만드는 법

선술집의 안주를 연출할 때는 외관도 중요하다. 프로도 무색할 정도의 장식으로, 더 맛있게 보이게 해 보자.

무 장식

무를 약 10cm 길이로 잘라 껍질을 벗긴다. 칼을 상하로 움직여가며 껍질을 벗기듯 얇고 길게 돌려 깎는다.

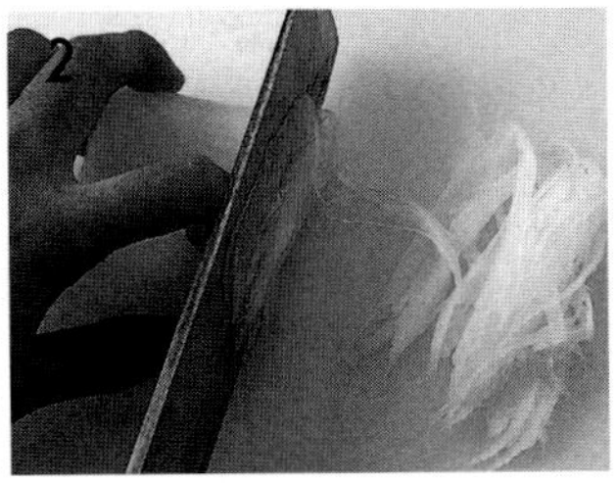

얇고 길게 돌려 깎은 것을 적당한 크기로 잘라 겹치고, 가늘게 채썬다.

무뿐만 아니라, 오이나 당근도 같은 방법으로 만들 수 있다. 여러 가지 색의 산뜻한 장식으로 완성된다.

대 잎

생선회 등에 곁들여 요리를 아름답게 연출하는 대 잎. 자르는 방법에 따라 모양이 달라진다.

칼의 날끝으로 대나무잎의 끝이 뾰족해지도록 지그재그로 자른다.

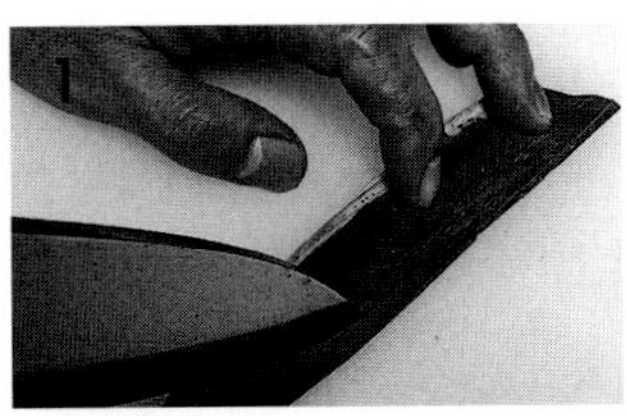

대나무잎을 반으로 접고, 머리가 되는 부분을 잘라낸다.

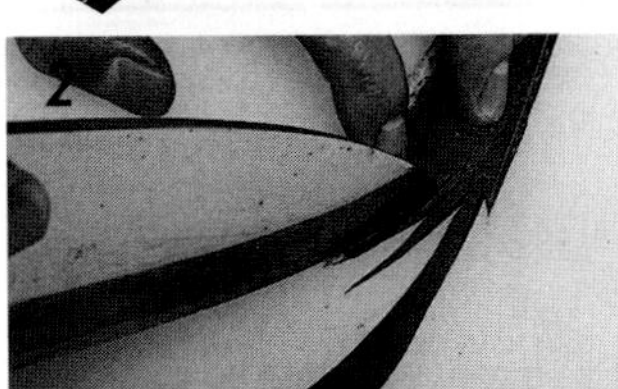

수염은 커브를 그리듯이 자르고, 다리는 작게 자른다.

측면이 되는 부분을 비스듬히 잘라내어 완성.

대나무잎모양 오이깍기

흔한 야채인 오이도 조금만 정성을 들이면 고급스러운 장식이 된다.

오이를 세로로 반을 잘라서 표면에 세로로 가늘게 칼집을 넣고, 옆으로 얇게 칼집을 넣어가며 칼을 아래위로 번갈아가며 앞뒤로 움직인다. 마치 대나무 잎이 퍼져 있는 모양이 된다.

용수철모양

젓가락만 있으면 간단히 만들 수 있는 용수철 모양은 당근이나 무 등으로도 가능하다.

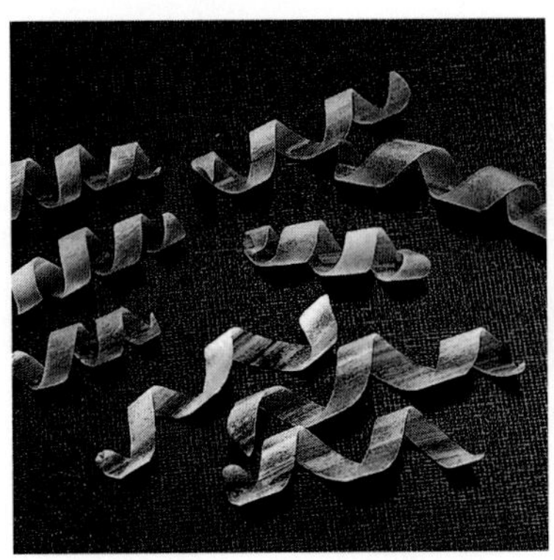

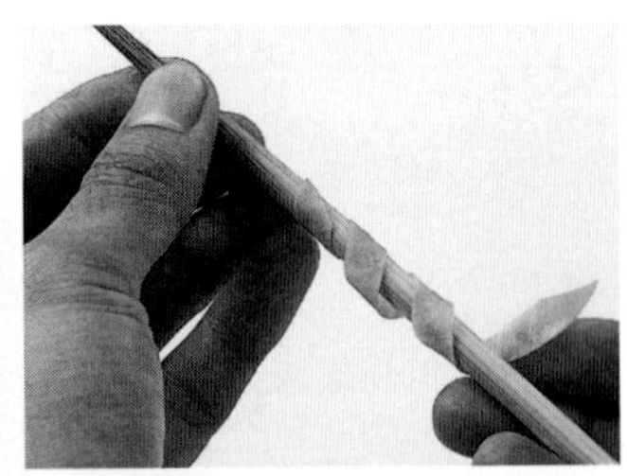

얇고 길게 돌려 깎은 당근을 적당한 길이로 잘라, 그것을 5mm 폭의 어슷썰기를 한다. 자른 야채를 젓가락 등에 감아, 가볍게 손가락으로 눌러 형태를 만들고 물에 담가 둔다.

참치회 82쪽

■ 재료

대뱃살 ······················ 적당량
중뱃살 ······················ 적당량
붉은살 ······················ 적당량
와사비 ······················ 적당량

곁들임

무, 깻잎, 방풍, 붉은 이삭, 당근, 꽃이 달린 오이, 붉은 새싹, 래디시, 무 잎, 계란 노른자 ······ 적당량씩

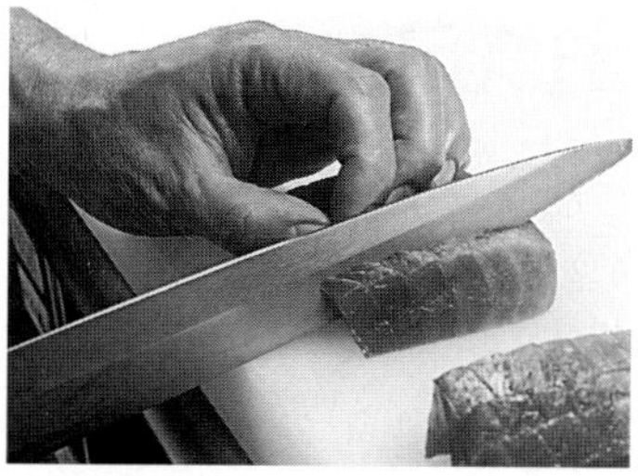

❶ 중뱃살은 오른쪽 끝부터 넓적하게 썬다. 칼을 크게 사용하여 자기 앞쪽으로 한 번에 당기며 자른다.

❷ 잘라낸 다음 오른쪽으로 밀어내어 조금 눕히듯이 겹친다. 한 조각 마다 반복한다.

❸ 붉은살은 왼쪽 끝부터 저며 썰기 한다. 왼손으로 살을 누르고 칼은 오른쪽으로 눕혀 절단면이 커지도록 당겨 썬다.

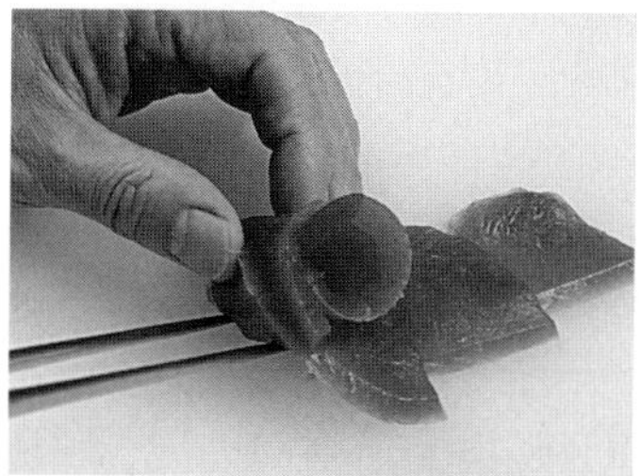

❹ 저며 썰기 한 ③을 5장 세로로 겹쳐 놓는다. 앞쪽부터 끝쪽으로 돌돌 말아 간다.

❺ 대뱃살은 주사위 모양 같은 간격으로 자른다.

오징어 회 82쪽

■ 재료

오징어 ······················ 1마리
(사전 손질은 87쪽 참조)
구운 김 ······················ $1/2$장
깻잎 ······················ $1\frac{1}{2}$장
와사비 ······················ 적당량

곁들임

무, 꽃이 달린 오이, 당근, 방풍, 래디시 ················· 적당량씩

❶ (사전 손질은 91쪽 참조) 오징어의 껍질에 칼집을 넣는다.
❷ 칼자국을 넣은 쪽을 아래로 하여 그 위에 김을 올리고 앞쪽부터 만다.
❸ 먹기 좋은 크기로 오른쪽 끝부터 자른다.
❹ 오른쪽 끝부터 칼 끝을 세워 가늘게 자른다.
❺ 오징어에 깻잎을 올려 크기에 맞춰 자르고 오징어를 포갠다.
❻ 둘로 잘라 사이에 깻잎을 $1/2$장을 끼워 포갠다. 좌우를 잘라 맞추어 기호에 따라 자른다.

흰살생선과 다시마 83쪽

■ 재료

다시마(15cm) ················· 2장
식초 ························ 약간
흰살생선(횟감) ·············· 150g
※ 흰살생선은 도미, 농어 등을 사용해 주세요.

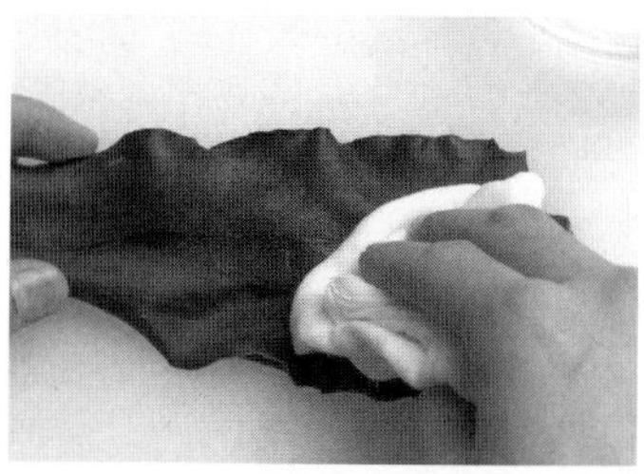

❶ 다시마의 표면을 식초로 닦는다.

❷ 흰살생선을 ①의 다시마에 끼워, 랩으로 확실히 싸고 놓아 둔다.

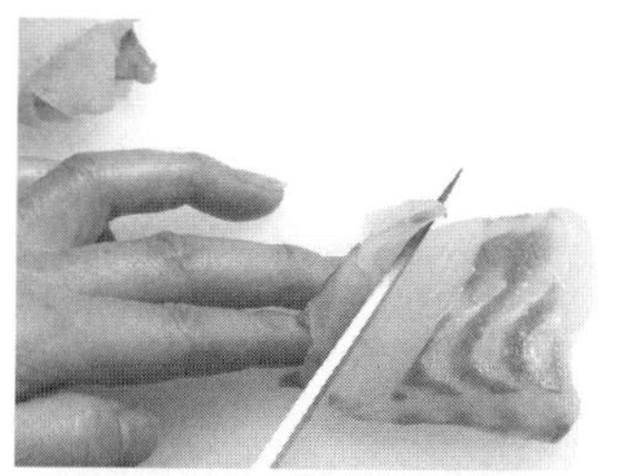

❸ ②의 랩을 벗기고 먹기 좋은 크기로 얇게 썬다.
※ 회 장식으로 무나 깻잎, 고추냉이 등을 보기 좋게 담는다.

전갱이회 83쪽

■ 재료

전갱이 ··········· 1마리
생강 ··········· 15g
실파 ··········· 2개
곁들임
무, 깻잎, 방풍, 붉은 새싹, 붉은 이삭 시소, 당근, 레몬 ··· 적당량씩

❶ 석 장 뜨기로 머리를 남기고 등뼈를 따라 꼬리까지 한 번에 살을 잘라낸다. 뒤집어서 같은 방법으로 자른다.

❷ 석 장 뜨기로 자른 후, 전갱이의 살에 붙어 있는 배뼈를 칼을 눕혀, 떠내는 요령으로 떠 낸다.

❸ 검붉은 부분의 잔뼈를 꼼꼼히 발라 없앤다.

❹ 껍질면을 아래로 하고 칼등으로 껍질을 당기면서 깎아 나간다. 다음에는 살을 가늘게 자른다음 칼의 날끝을 세워 끝쪽부터 자기 쪽으로 한 번에 당겨 자른다.

❺ 생강은 잘게 다지고, 실파는 둥근 단면 썰기를 한다. 그릇에 넣어 ④와 버무린다.

❻ 모양 만들기를 위해 등뼈에 꼬치를 꽂는다. 그릇에 장식하고, ⑤와 곁들일 야채를 담는다.

가다랭이회 83쪽

■ 재료

가다랭이(심줄을 뗀 것) ···· $^1/_2$덩어리
실파 ··········· 3개
생강(엄지손가락 정도 크기) ········ 1편
깻잎 ··········· 4장
마늘 ··········· 1편
와사비 간장, 초간장 등 ··· 적당량씩

❶ 실파는 잘게 송송 썰고 생강은 간다. 깻잎은 채 썰고, 마늘은 얇게 썬다.

❷ 가다랭이는 검붉은 부분을 없애고, 껍질을 아래로 하여 도마 위에 놓고 살이 얇은 부분을 잘라 낸다. 쇠꼬치를 4~5개 정도 꽂는다. 얼음물을 준비해 둔다.

❸ 강한불에 살짝 생선을 굽는다. 표면만 색이 변하면 재빠르게 얼음물에 가다랭이를 넣고 쇠꼬치를 돌려가며 식힌다.

❹ 가다랭이가 식으면 종이타월로 충분히 물기를 닦아 낸다. 1cm 폭으로 잘라 접시에 담는다.

❺ 간 생강 $^1/_3$을 가다랭이에 듬뿍 발라 그 위에 마늘, 깻잎, 실파를 구석구석까지 올린다.

❻ 남은 간 생강을 곁들여 기호에 맞는 간장에 찍어 먹는다.

깨 양념장으로 무친 생선회 84쪽

■ 재료

횟감용 흰살생선 ··········· 1덩어리
깨 양념장 ··········· 적당량
초간장 ··········· 약간
흰 깨(간 것) ··········· 약간

❶ 회는 얇게 썰어 그릇에 담는다.

❷ 깨 양념장에 초간장을 넣어 섞고, ①에 뿌린 후 흰깨를 뿌린다.

기본 조미료

매일같이 먹고 있는 조미료. 어떤 맛인지는 알아도 어떤 요리에 쓰이는지 모를 때가 많다. 다시 한 번 종류나 올바른 사용법을 체크하자.

종류와 사용 용도

고추장 · 된장

된장은 대두를 주원료로 하여 누룩, 소금을 섞어서 만든다. 기본적인 원료는 같으나 전국 지방마다 맛이 다르고 종류도 많다. 평소에 먹는 된장국은 가족 취향에 맞는 것을 사용한다.

재래 된장

주요리

된장찌개, 된장국, 개장국뿐만 아니라 간을 맞추는 데 사용

전통 재래된장은 독특한 맛과 생선, 고기 등의 냄재제거 효과, 유해세균 사멸, 영양적 보충 등 우리 전통 요리에는 꼭 필요한 조미료이다.

개량 된장

주요리

찌개류, 쌈장으로

보리 된장

주요리

쌈장

보리쌀이나 쌀보리를 누룩으로 이용하여 메주 소금을 섞어 양조한 된장

청국장

주요리

청국장 찌개

곰팡이가 희게 최고 끈끈한 모양. 향과 진하고 감칠맛 나는 특징. 콩이 그대로 씹힌다.

막장

주요리

찌개류, 쌈장등에 두루 사용

메주에 보리쌀, 고춧가루, 소금, 엿기름 등을 넣어 담근다.

고추장

주요리

찌개류, 생선류 초장, 매운탕 등 여러 용도로 사용

찹쌀가루, 고춧가루, 메주가루, 엿기름 등을 섞어 맵게 만든다.

맛술

요리에 풍미와 단맛을 내는 조리용 술.

본맛술

주요리

조림, 구이에 많이 사용한다.

찐 찹쌀과 쌀 누룩을 소주에 넣어 담가서 양조하여 만든다.

맛술풍 조미료

주요리

조림, 구이에 많이 사용된다.

맛술과 많이 닮아 있으나, 조미료나 물엿 등을 조합해서 만든다.

발효조미료

주요리

조림, 구이에 많이 사용된다.

청주를 만드는 도중에 식염을 넣고 당액, 알코올류를 넣어 성분을 맛술풍으로 조절한 것.

기름

식용유지 중에 상온에서 액상의 것을 식용유, 고체상의 것을 식용유라 하고, 식물성 기름과 동물성 기름의 두 가지로 나뉜다.

올리브오일

주요리

샐러드 드레싱, 파스타류 등에 사용

올리브 열매로 짠 기름으로, 감칠맛과 향이 강하다. 이탈리아 요리에 빼놓을 수 없는 것.

참기름

주요리

볶음이나 튀김기름의 향내기 등에 사용

참깨를 볶아 짠 기름으로 호박색에 구수한 향이 특징. 한국요리에는 빼놓을 수 없다.

식용유

주요리

드레싱, 튀김 등에 사용

순도가 높고, 특징이 없고 향이 좋다. 튀김기름으로 써도 색이 예쁘게 완성된다.

설탕

설탕은 처음에 넣으면 다른 조미료의 맛을 좋게 한다.

백설탕

주요리

조림을 중심으로 요리 전반에 사용

촉촉하여 녹기 쉽고, 특징이 없으므로 다양한 요리에 어울린다.

황설탕

주요리

해산물이나 야채 조림 등에 사용

백설탕보다 순도가 낮고, 황갈색으로 단맛이 농후하므로 전통과자 등에 사용된다.

흑설탕

주요리

고기 조림, 찐빵, 전통음식 등에 사용

정제되지 않아서 불순물이 많고, 독특한 풍미가 있으며, 다른 정제당보다 달다.

소금

짠맛을 내서 감칠맛을 돋울 뿐만 아니라, 단백질을 굳게 하는 작용과 식품의 수분을 빼서 살을 다잡는 효과가 있다.

정제염(맛소금)

주요리

요리 전반적인 맛을 낼 때 널리 사용하고 있다.

꽃소금

주요리

조리가 끝난 요리의 간을 낼 때 주로 사용한다.

굵은 소금

주요리

스테이크, 국물 요리, 소스의 맛을 낼 때 사용

짠맛은 아주 약하고 감칠맛도 있어 다양한 용도에 사용한다.

식초

단백질을 응고시키고 짠맛을 약하게 하는 효과가 있다. 식초로 끓이면 뼈가 부드러워진다.

쌀식초

주요리

회초밥, 초요리 등 사용

쌀과 누룩으로 만든 식초를 쌀식초라고 부른다. 그 외에 현미로 만든 현미 식초도 있다.

흑식초

주요리

초요리나 건강음료로써 사용

흑미와 누룩으로 만든 차갈색, 또는 검은 색의 식초.

과일식초

주요리

냄비요리의 곁들이는 국물·초 요리, 건강식품으로도 사용

유자 등의 감귤류나 사과, 감 등을 짠 즙을 식초와 섞은 것. 산뜻한 풍미가 특징

간장

대두를 기본으로 한 전통적인 조미료. 독특한 감칠맛, 색과 향을 내는 데 사용한다.

진간장

주요리

요리 전반에 사용된다.

일반적으로 간장이라고 부르는 것. 간장 특유의 향이 강하고, 감칠맛이 난다.

묽은 간장

주요리

조림, 맑은 장국 등에 사용

색이 엷고, 재료가 가진 맛을 돋우어 준다. 다시다 맛술과 병용하는 것이 포인트.

재래 간장

주요리

국물, 조림, 나물무침 등에 사용

독특한 색으로 짭잘한 풍미가 좋다.

완벽한 식재료 보관법

채소, 고기, 생선은 각각의 특성에 맞는 다양한 보관방법이 있다. 기본이 되는 보관법을 확실하게 익혀두자.

종류와 사용 구분법

채소

채소 보관법은 각양각색이지만, 기본이 되는 일곱 가지 보관법을 익히자.

주로 채소는 건조하지 않은 냉장고나 냉암소에 보관한다. 채소의 종류에 따라 보관방법이 다르므로 채소에 어울리는 방법으로 신선도를 유지한다.

랩으로 싼다

주 야채 연근, 당근, 양배추, 미나리

가지 등은 랩으로 싸서 수분이 날아가지 않도록 하여 상온에서 보관한다.

종이타월로 싼다

주 야채 시금치, 청경채

시금치 등은 젖은 키친타월 등에 싸서 비닐 봉지에 넣어 냉장고에 보관한다.

데쳐서 보존한다

주 야채 브로컬리, 옥수수

브로컬리 등은 벌레가 숨어있을지도 모르기 때문에 한 번 데친 후 비닐 봉지에 넣어 냉장한다.

냉암소에 보관한다

주 야채 감자, 고구마, 양파 등

신문지에 싸서 통풍이 잘 되는 장소에 보관한다. 특히 감자는 빛이 들어오지 않은 곳에 보관한다.

잎과 뿌리를 나눈다

주 야채 순무, 무, 샐러리

잎, 줄기에 수분이 빼앗기므로 잘라서 보관한다.

물에 담근다

주 야채 죽순, 쇠귀나물 등

껍질을 벗긴 죽순 등은 떫은 맛이 강하므로 물에 담가서 냉장고에 보관한다.

물기를 뺀다

주 야채 피망, 꽈리고추, 오이

표면의 수분을 확실히 닦아, 비닐 봉지 등에 넣어 냉장고에 보관한다.

밥

매일 먹는 주식인 만큼 확실한 보관법을 익혀서 항상 맛있는 밥을 먹도록 하자.

랩으로 싼다

해동했을 때 먹기 쉽도록 한 공기분씩 나누어 랩으로 싸두면 냉동실에서 2주 정도 보관할 수 있다.

청주를 뿌린다

전자렌지에 해동할 때 약간의 청주를 뿌린 후 해동하면 뽀송뽀송 맛있게 해동된다.

두부

된장찌개 등에 사용하는 경우가 많은 두부. 쉽게 상하므로 구입한 날에 다 사용하는 것이 좋다.

물에 담근다

조리하기 전에는 물에 담가서 랩으로 확실히 밀봉하여, 사용할 때까지 냉장고에 보관한다.

데친다

남은 두부는 뜨거운 물에 가볍게 움직일 때까지 데쳐서 식힌 후 데친 국물째로 밀봉 용기에 넣어 냉장고에 보관한다.

육류

자주 사용하는 육류. 보존기간은 확실히 지키자.

위생상 안전하고, 맛있는 고기 요리를 완성하기 위해 보존기간은 중요하다. 그런 점에서 고기의 특성과 보관법의 요령을 소개한다.

보존기간과 포인트

닭고기	돼지고기	쇠고기	얇게 저민 고기류
닭고기는 냉장실에 이틀 정도 보관할 수 있으므로 남은 것은 익히거나 냉동한다.	돼지고기는 상하기 쉬우므로 그날 안에 가열처리하든가 냉동한다. 냉장실에서는 이틀 정도 보관이 가능하다.	정육점에는 잘 숙성된 가장 먹기 좋은 시기의 고기를 진열한다. 변색이 빠르므로 냉장실에서 이틀정도 보관이 가능.	고기는 공기에 닿으면 상하기 시작한다. 얇게 저민 고기는 빨리 상하므로 냉장실에 다음 날까지만 보관이 가능하다.

얇게 썬 고기

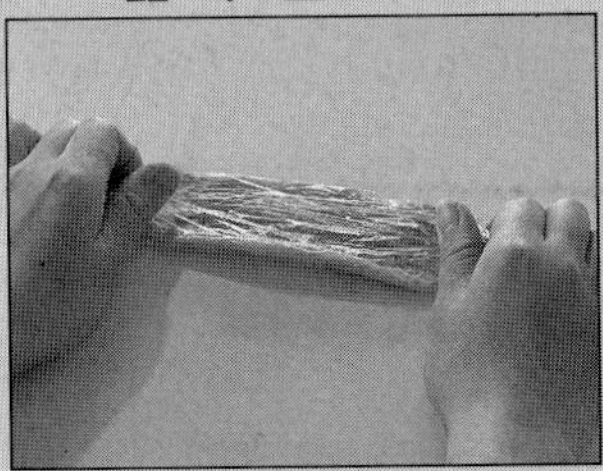

그날 안에 사용하지 않는 것은 한 장씩 랩으로 싸서 냉동해 두면 요리에 맞추어서 분량을 꺼낼 수 있으므로 사용할 때 편리하다.

고기토막

토막 상태인 채로 랩에 싸서 보관봉투에 넣어 보관한다. 냉동할 때는, 작게 잘라서 나누어 냉동하면 가운데까지 빨리 얼어서 신선도를 떨어트리지 않고 보관할 수 있다.

얇게 저민 고기

한 번에 사용할 양을 랩에 싼다. 넓빤지 모양으로 얇게 펼치면 빨리 언다. 둥글게 경단모양으로 하면 가운데까지 어는 데 시간이 걸린다.

가공품

햄이나 베이컨 등의 가공품은 소금을 사용했으므로 오래 보관할 수 있다. 2~3장을 한 묶음으로 랩에 싸서 보관한다.

해물류

해물류는 신선도가 중요하다. 올바른 보관법을 익혀서 해물을 즐기자.

냉장고 덕분에 1~2일 정도는 보관이 가능해졌지만, 소재의 특징에 맞는 보관법을 아는 것이 맛을 좋게 하는비결이다.

보존기간과 포인트

회	오징어 · 문어	새우	염장품
종이타월이나 면보를 자주 바꾸는 것이 중요하다. 냉장 상태에서는 이틀 이상 보관할 수 없다.	오징어나 데친 문어는 냉동 보존해도 비교적 맛이 떨어지지 않는다. 냉장의 경우는 이틀 정도 보관이 가능.	해동된 상태로 시장에 나오는 경우가 많으므로 재냉동은 하지 말고 즉시 다 사용해야 한다.	생선보다 오래 보관이 가능하지만 맛을 살리려면 냉장을 추천. 랩을 확실히 씌우면, 1주일은 보관할 수 있다.

회

붉은살은 수분이 많이 나오므로 종이타월을 자주 바꾼다. 무명은 적당한 보습효과가 있다.

새우

남은 냉동 새우는 랩에 싸서 냉장고에 다음 날까지 보관이 가능하고, 생새우는 냉동해도 좋다.

오징어

오징어는 몸통, 내장, 다리를 확실히 잘라서 밀봉 상태로 냉동한다. 횟감용 오징어는 면보가 아닌 랩으로 싸서 냉장실에 보관한다.

염장품

명란젓은 랩에 말아 냉장고에, 말린 청어알은 소금기가 강하므로 팩에 넣어서 보관하면 오래 간다.

건어물 안주 요리

고야두부*와 머위탕

■ **재료(2인분)**

- 머위 ··························2개
- 소금 ······················적당량
- 고야두부 ····················2장
- 미역 ························약간
- 산초나무 순 ·················약간

A

- 다시 ····················$1\frac{1}{4}$컵
- 묽은 간장 ···················1T
- 맛술 ······················$\frac{1}{2}$T
- 청주 ······················$\frac{1}{2}$T
- 설탕 ······················$\frac{1}{2}$t

*두부를 잘게 썰어 얼렸다가 말린 식품

❶ 머위는 물에 씻어 냄비에 들어갈 크기로 자른다. 소금을 듬뿍 뿌려 양손으로 굴린다.

❷ 냄비에 물을 끓여 머위를 넣고, 3~4분 데친다. 딱딱한 정도를 손톱으로 확인하여 물러지면 찬물에 담가 껍질과 심줄을 뗀다.

❸ 고야두부는 뜨거운 물에 10분 정도 담근다. 흐르는 물에서 양손에 끼고 눌러가며 씻는다. 깨끗한 물이 나올 때까지 씻고 눌러서 물기를 뺀다. 4등분으로 자른다.

❹ A를 펄펄 끓여 고야두부를 넣고 10분 동안 끓인다.

❺ ④에 머위와 미역을 넣고 2~3분간 끓이다가 불을 끄고 2~3분간 두어 맛이 배이면 그릇에 담고 산초나무 순을 곁들인다.

고야두부 모듬조림

■ 재료(2인분)

고야두부 ······················1장
깐새우, 저민 돼지고기 얇게 저민 것 ····························각 60g
소금, 녹말가루 ·············약간씩
파 ·····························20g
생강 ··························약간
표고버섯 ······················2장
삶은 죽순 ····················70g
당근 ··························30g
중콩 ··························2개
A
물 ·························1컵
조미료 ····················$^1/_2$t
소금 ·······················약간
간장, 설탕 ·············각 1t 씩
녹말가루, 식용유 ········약간씩

❶ 고야두부는 물에 불려 먹기 좋은 크기로 자른다.

❷ 새우는 등의 내장을 없애고 녹말가루, 소금을 묻힌다.

❸ 냄비에 식용유를 두르고 돼지고기 저민 것, 파, 생강을 볶고 A를 넣는다.

❹ ③이 끓으면 고야두부, 표고버섯, 삶은 죽순, 당근을 넣고 약 8분 정도 끓인다.

❺ ④에 깐 새우, 줄콩을 넣고 물녹말로 걸쭉하게 만들어 접시에 담는다.

무말랭이와 유부조림

■ 재료(2인분)

무말랭이(건조)···············25g
유부 ··························1장
참기름 ··························1t
식용유 ·························1T
볶은 깨 ·····················약간
다시 ·······················$^1/_4$컵
설탕·······················$1^1/_2$T
맛술 ·························$^1/_2$T
간장·······················$1^1/_2$T

❶ 무말랭이는 가볍게 씻어 물에 담가(10분 전후), 조금 딱딱할 정도로 물에 불려 물기를 짠다.

❷ 유부는 체에 담아 끓는 물을 부어 필요없는 기름을 제거하고, 세로 반으로 잘라 채 썬다.

❸ 달군 프라이팬에 참기름과 식용유를 두르고 무말랭이를 넣고 볶아 기름이 전체에 퍼지면 유부를 넣고 가볍게 섞은 후 다시를 넣는다.

❹ 끓으면 설탕과 맛술을 넣고 뚜껑을 덮어 4~5분간 끓이다가 간장을 넣고 수분이 거의 없어질 때까지 가끔씩 뒤적이며 끓인다. 그릇에 담아 볶은 깨를 뿌린다.

톳과 아보카도 두부무침

■ 재료(2인분)

연두부 ······················$^1/_2$모
아보카도 ···················$^1/_2$개
톳 ·····························5g
흰깨 페이스트 ················5g
간장···························2T
양상치, 무 · 순무 등의 어린 떡잎, 프랑스빵··············적당량씩

❶ 아보카도는 껍질을 벗겨 네모썰기 한다.

❷ 가는 체로 거른 두부, 흰깨 페이스트, 간장을 합쳐 소스를 만든다.

❸ ②에 아보카도, 톳을 버무린다.

톳과 유부 조림

■ 재료(2인분)

건조 톳 ···················· 20g
유부 ···················· 1/2장
당근 ···················· 20g
마른 표고버섯 ···················· 2장
식용유 ···················· 약간
다시 ···················· 1컵
A
청주 ···················· 2t
설탕, 진간장 ···················· 2T 씩

❶ 그릇에 톳을 넣고 깨끗이 씻는다.

❷ ①을 체에 건져 올려 물기를 빼 둔다.

❸ 유부는 뜨거운 물을 부어 기름을 제거하고, 납작한 직사각형으로 자른다. 당근도 같은 방법으로 자르고, 표고버섯은 둥근 단면 썰기를 한다.

❹ 달군 프라이팬에 기름을 두르고 당근, 표고버섯을 볶다가 톳을 넣어 볶는다.

❺ 유부, 다시를 ④에 넣고 뚜껑을 덮고 끓인다. 마지막으로 A를 넣고 조려서 간이 배게 한다.

톳과 게맛살의 중화풍 무침

■ 재료(2인분)

생 톳 ···················· 50g
게맛살 ···················· 4개
오이 ···················· 1/2개
중화 소스
간장 ···················· 1T
설탕 ···················· 1/2T
식초 ···················· 1 1/2T
라유 ···················· 약간

❶ 톳은 끓는 물에 데치고, 체에 건져 찬물을 끼얹어 식힌다. 긴 것은 2~3cm 길이로 자른다.

❷ 게맛살은 손으로 풀어, 잘게 찢어 둔다. 오이는 두께 2mm로 얇게 어슷썰기를 한 후 굵기 2mm 정도로 채 썬다.

❸ 중화소스 조미료를 잘 섞어둔다. ①의 톳, ②의 오이와 게맛살을 가볍게 버무려 그릇에 담고 먹기 직전에 소스를 뿌린다.

유부 구이

■ 재료(2인분)

톳 ···················· 20g
어묵 ···················· 1장
당근 ···················· 3cm
샐러리 ···················· 1/4개
참기름 ···················· 1/2T
유부 ···················· 2장
간장, 맛술 ···················· 각 약간씩
끓인 국물
물 ···················· 1/2컵
조미료 ···················· 1/2t
청주, 설탕 ···················· 1t 씩
간장 ···················· 2t

❶ 톳은 물에 살짝 씻어서 물에 10~15분 정도 불린다. 톳을 불리는 동안 어묵을 가늘게 자르고, 당근과 샐러리는 3~4mm의 두께로 조금 두껍게 채 썬다.

❷ 냄비에 참기름을 데우고 당근, 샐러리를 넣고 중간불에 빛깔 좋게 볶는다. 야채가 숨이 죽으면 가늘게 썬 어묵, 톳 순으로 넣고 만졌을 때 뜨거울 정도로 볶는다.

❸ 끓인 국물을 넣고 약한 중간불에 끓인 국물이 없어질 때까지 조린다.

❹ 유부는 살짝 물에 데워 물기를 빼고 반으로 잘라 봉투 상태로 만든다. ③의 재료를 유부에 채워, 입구를 이쑤시개로 고정한다. 간장, 맛술을 섞어 표면에 바르고 프라이팬에 노릇노릇하게 굽는다.

육류 안주 요리

닭날개살 조림

■ **재료(2인분)**

닭날개 ························ 4개

A

　간장 ························ 1T

　청주 ····················· 1/2컵

　설탕 ······················ 1/2T

　팔각(-향신료) ··············· 1개

실파 ······················ 적당량

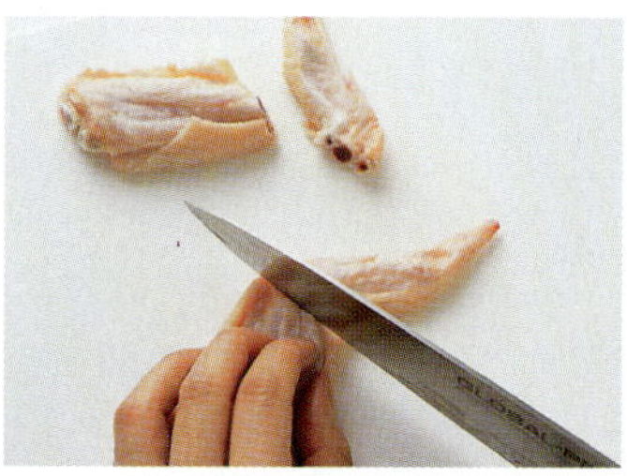

❶ 닭날개는 관절 부분에 칼집을 넣어 둘로 나눈다.

❷ ①과 A를 냄비에 넣어 뚜껑을 덮고 보글보글 끓이다가 국물이 $^{1}/_{3}$이 되면 다른 용기에 옮겨 식힌다. 식으면 냉장고에 1~2시간 동안 넣고 차갑게 한다.

❸ 접시에 담아 송송 썬 실파를 뿌린다.

깻잎으로 싼 닭고기 튀김

■ 재료(2인분)

간 닭고기 ··················· 150g
소금, 후추 ················· 약간씩
계란 ······················· 1/2개
녹말가루 ···················· 1T
깻잎 ······················ 적당량

❶ 그릇에 닭고기 간 것, 소금, 후추, 계란, 녹말가루를 넣고 잘 반죽한다.

❷ 깻잎에 ①을 끼워 170도 정도의 기름에 튀긴다.

반반지(닭고기를 삶아 잘게 째고, 고추 등 향신료를 넣은 깨를 섞은 된장 양념장으로 버무린 중국요리)

■ 재료(2인분)

닭가슴살 ············· 1/2장(100g)
생강 ························ 5g
마늘 ······················ 1/2편
파 ························· 3cm
오이 ······················ 1/2개
파 푸른 부분 ··············· 1/2개
생강 ······················· 약간

모듬 조미료

청주 ······················ 1/2T
소금 ······················· 약간
깨 ·························· 1T
식초 ························ 1T
간장 ························ 1T

반반지 소스

설탕 ························ 1T
참기름 ····················· 1/2t
라유 ······················· 약간

❶ 밑간용의 생강(5g)은 잘 씻어서 껍질째 얇게 썬다.

❷ 파의 푸른 부분은 손으로 찢어 놓는다.

❸ 내열 접시에 닭고기와 모듬 조미료를 넣고 랩을 씌워 전자렌지에 강으로 7~8분간 가열한다.

❹ 가열이 끝나면 그대로 식힌다.

❺ 오이는 양끝을 잘라내고 5cm 정도의 길이로 자른다.

❻ ⑤의 오이를 가늘게 썬다.

❼ 생강, 마늘, 파는 잘게 다진다.

❽ 반반지 소스에 ⑦을 넣는다.

❾ 닭고기가 한 김 식으면 손으로 가늘게 찢는다. 접시에 오이와 닭고기를 담고 위에서부터 ⑧의 반반지 소스를 듬뿍 뿌린다.

닭날개 조림

■ 재료(2인분)

닭날개 ······ 4개
무(3cm 폭의 통째썰기) ····· 2토막
물 ······ $3\frac{1}{2}$컵
설탕 ······ 3T
진간장 ······ 4T
콩깍지 ······ 6개

❶ 무는 껍질을 깎고 적당히 썰어 물과 함께 냄비에 넣어 강한 불에 끓인다.

❷ 끓기 시작하면 중간 불로 낮춰 물러질 때까지 더 끓인다.

❸ ②에 설탕, 간장, 닭날개를 넣어 거품을 걷어 내고, 뚜껑을 덮어 25분 정도 끓인다.

❹ 콩깍지는 심을 떼고 소금물에 데친다. ③을 그릇에 담아, 콩깍지를 곁들인다.

닭고기 야채 조림

■ 재료(2인분)

닭고기 ······ 80g
A 물 ······ $1\frac{1}{3}$컵
청주 ······ 6T
설탕 ······ 40g
진간장 ······ 1T
호박
B 가다랭이 다시 ······ $1\frac{1}{3}$컵
진간장 ······ 1T
설탕 ······ 약간
순무 ······ $\frac{1}{2}$개
C 가다랭이 다시 ······ $1\frac{1}{3}$컵
묽은 간장 ······ $\frac{1}{2}$t
소금 ······ 약간
맛술 ······ 약간
홍엽부 ······ $\frac{1}{10}$개
D 가다랭이 다시 ······ $1\frac{1}{3}$컵
묽은 간장 ······ $\frac{1}{2}$t
소금 ······ 약간
맛술 ······ 약간
콩깍지 ······ 4개

❶ 닭고기를 8등분한다. 호박, 순무, 홍엽부를 각각 반으로 자르고, 콩깍지완두는 심줄을 뗀다.

❷ 호박과 B, 순무와 C, 홍엽부는 D분량의 끓인 국물로 데친다. 콩깍지는 데쳐서 냉수에 담가 놓는다.

❸ 닭고기는 A와 청주로 데운 후에 설탕, 진간장 순으로 넣고 국물이 없어지기 직전까지 조린다.

❹ 닭고기가 식기 전에 ②의 재료를 데워서 그릇에 담는다.

닭고기 상추쌈

■ 재료(2인분)

닭고기(간 것) ················ 50g
식용유 ····················· 적당량
A
　된장 ······················ 50g
　설탕 ······················ 50g
　간장 ······················ 50g
파 ························ $1/4$개
찐 닭(다리살) ················ 6장
상추 ························ 6장
스낵 ····················· 적당량

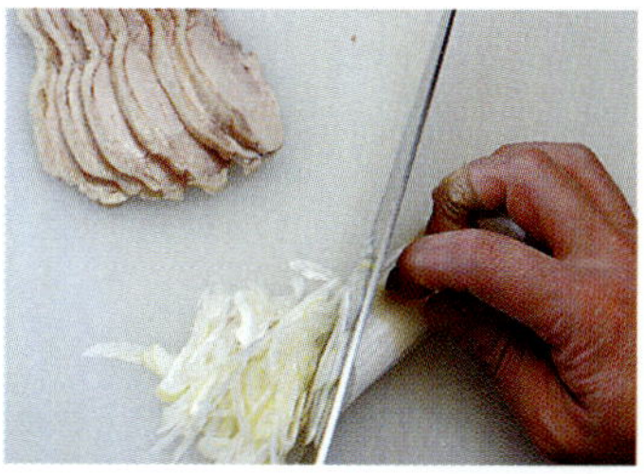

❶ 갈은 닭고기를 식용유를 두른 프라이팬에 볶는다. A의 모듬 조미료를 넣고 간을 한다.

❷ 파는 어슷썰기를 하여 물에 헹구고 찐 닭은 얇게 썬다.

❸ 큼지막한 접시에 상추, ②의 파와 찐 닭, 스낵 과자를 담는다. 접시 중간에 작은 그릇에 담은 ①을 올린다.

닭고기 우엉 조림

■ 재료(2인분)

닭날개 ······················· 4개
우엉 ······················· $1/2$개
줄콩 ························ 5개
식용유 ····················· $1/2$t
A
　간장 ························ 1T
　맛술 ······················ $1/2$T
　청주 ························ 1T
　설탕 ······················ $1/2$t

❶ 우엉은 껍질을 벗기고 두꺼운 것은 먹기 좋은 크기로 자르고 식촛물에 헹군다.

❷ 줄콩은 심줄을 떼고 둘로 자른다.

❸ 냄비를 달구어 식용유를 두르고 닭날개살을 굽는다. 굴리면서 구워 노릇해지면 고기를 들어내고 기름을 버린다.

❹ ③의 고기를 냄비에 다시 넣고 물에 씻은 우엉을 넣어 가볍게 볶는다.

❺ A와 듬뿍 잠길 정도의 물을 넣고 거품을 걷어내며 끓인다.

❻ 40분간 끓인 후 줄콩을 넣는다. 5분간 더 끓인 후 불을 끄고 그릇에 담는다.

유채 로스트 비프 말이

■ 재료(2인분)

유채꽃 ··················· 1/2다발
로스트 비프 ··················· 6장
소스
　마요네즈 ··················· 1/4컵
　머스터드 ··················· 1/2t
　다진 마늘 ··················· 약간

❶ 유채꽃을 씻어 밑동의 딱딱한 부분을 1cm 정도 잘라낸다. 두꺼운 것은 세로로 반을 잘라서 씹을 때 아삭함이 느껴지게 살짝 데친다. 찬물에 담갔다가 짜 둔다.

❷ 유채꽃을 2~3개 쥐고 로스트 비프로 말아 반으로 자르고 접시에 담는다. 기호에 따라 후추를 뿌려도 좋다.

❸ 마요네즈, 머스터드, 마늘을 섞은 것을 소스로 곁들인다.

치킨 토마토 볶음과 치즈 포테이토

■ 재료(2인분)

치킨 토마토 볶음
　닭 넓적다리 살 ··········· 140g
　(껍질 없는 것)
　양파 ··················· 1/2개
　마늘 ··················· 약간
　토마토(캔) ··············· 200g
　콘소메 가루 ··············· 약간
　소금, 후추 ··············· 약간씩
　딜 ··················· 약간
　파슬리, 식용유 ··············· 2t
치즈 포테이토
　감자 ··················· 2개
　피자 치즈 ··················· 20g
　파슬리 ··················· 적당량

치킨 토마토 볶음

❶ 닭 넓적다리 살을 한입 크기로 자르고, 양파와 마늘은 얇게 썰어 둔다.

❷ 닭 넓적다리 살, 양파, 마늘 순으로 식용유에 볶는다.

❸ 토마토 캔과 콘소메를 ②에 넣고 펄펄 끓인다. 소금, 후추로 간을 하고 딜과 파슬리를 뿌려 섞는다.

치즈 포테이토

❶ 감자는 꼬치가 들어갈 정도로 푹 찐다.

❷ ①을 얇게 썰어, 치즈와 파슬리를 올리고 오븐 토스터에 5분간 굽는다.

닭다리 튀김

■ 재료(2인분)

닭다리 ························ 4개
다진 마늘 ················ 1/2편분
간장 ························ 1/2T
소금, 후추 ················ 약간씩
박력분, 튀김기름 ········ 적당량씩

❶ 그릇에 닭다리, 마늘, 생강, 소금, 후추를 넣고 손으로 잘 주무른다.

❷ ①에 박력분을 묻힌다.

❸ 뼈가 붙어 있으므로 중간 온도(170~180도)의 기름으로 천천히 튀긴다.

모래주머니와 마늘쫑 소금 볶음

■ 재료(2인분)

모래주머니 ················ 100g
마늘쫑 ······················ 50g
식용유 ······················ 1T
소금, 후추 ················ 약간씩

❶ 모래주머니는 깎아내듯 자르고, 마늘쫑은 2cm로 자른다.

❷ 프라이팬에 식용유를 두르고 모래주머니를 볶다가 익으면 마늘쫑을 넣고 볶아서 소금, 후추로 간을 맞춘다.

치킨 갈릭 구이

■ 재료(2인분)

닭다리(뼈째) ················ 2개
마늘 ························ 4쪽
소금, 후추 ················ 약간씩
마리네 액
　로즈마리 ·················· 1개
　레몬 ······················ 1/4개
　올리브오일 ·············· 1/4컵

❶ 준비된 마늘의 반은 얇은 껍질째로 두들겨서 으깬다.

❷ 남은 마늘은 잘게 다진다(2mm 정도로 잘게 자름).

❸ 안까지 잘 익도록 닭고기의 껍질에 포크를 몇 군데 찌른 후 소금, 후추를 확실히 묻힌다.

❹ ③에 레몬즙, 올리브오일, 로즈마리, 다진 마늘을 묻혀 10~15분간 마리네(초담금)를 만든다.

❺ 오븐 트레이에 쿠킹 페이퍼를 깔고 닭고기, 으깬 마늘을 올린다.

❻ 위에서부터 마리네 액을 뿌려, 200도의 오븐에 20~25분간 굽는다.

닭 튀김

■ 재료(2인분)

닭 넓적다리 살 ············200g
녹말가루 ··················적당량
튀김기름 ··················적당량
레몬··························1/4개
생강··························5g
마늘··························5g
파(푸른 부분) ·············적당량
방울 토마토 ················1개
모듬 조미료
  간장 ·······················2T
  청주·························1T

❶ 닭 넓적다리 살은 한입 크기로 자른다.

❷ 생강과 마늘은 갈아서 그릇에 넣는다.

❸ 파의 푸른 부분은 손으로 찢어 ②에 넣는다.

❹ 모듬 조미료를 ②의 그릇에 넣고, 닭고기를 넣은 다음 주물러서 간을 하고 20분 정도 둔다.

❺ 닭고기에 녹말가루를 얇게 묻힌다(필요없는 가루는 털어 낸다).

❻ 기름은 170도로 가열해 둔다.

❼ ⑤의 닭고기를 넣고 중간불에 타지 않도록 2분 정도 튀긴다.

❽ 주위에서 나오는 거품이 작아지면 꺼내 기름을 빼고, 그릇에 담고 레몬을 곁들인다.

치킨&포테이토의 갈릭 버터 구이

■ 재료(2인분)

닭 넓적다리 살 ··············1장
소금, 후추 ················약간씩
감자 ··························1개
새송이버섯(大) ···············1개
빵가루 ····················적당량
마늘 버터
  버터 ·······················75g
  마늘 ·······················1편
  에샬로트(양파로 대용) ·······1개
  파슬리 ····················약간

❶ 닭고기는 먹기 좋은 크기로 잘라 소금, 후추를 뿌린다. 감자는 껍질을 벗기고 물에 헹궈 물기를 빼고 전자렌지에 약 3분간 가열하여 먹기 좋은 크기로 자른다. 새송이는 찢는다.

❷ 마늘, 에샬로트, 파슬리는 잘게 다지고 실온에 두었던 버터, 소금과 합쳐 갈릭 버터를 만든다.

❸ ②에 ①을 넣고 버무려서 내열 접시에 올린다.

❹ 위에 빵가루를 뿌려 180도로 예열한 오븐에 20~25분간 굽는다.

치킨 겨자 마요네즈 구이

■ 재료(2인분)

닭 넓적다리 살 ················ 1장
소금, 후추 ················ 약간씩
겨자 ························ $^1/_2$T
마요네즈 ···················· 2T

❶ 닭고기는 먹기 좋은 크기로 자르고 소금, 후추를 뿌려 내열 그릇에 담는다.

❷ 겨자와 마요네즈를 ①에 바르고 180도로 예열한 오븐에 약 15분간 굽는다.

로스트 치킨

■ 재료(2인분)

닭 가슴살 ···················· 2장
버터 ························ 2T
소금, 후추 ················ 약간씩

일본풍 소스

깻잎 ························ 2장
버터 ························ 1T
고형 수프(스톡) ·········· $^1/_4$개
간장 ························ $^1/_2$t
청주 ························ $^1/_2$t
소금, 후추 ················ 약간씩
물 ·························· 2T

❶ 닭고기는 포크로 표면 몇 군데에 구멍을 내고 소금, 후추를 뿌린다.

❷ 프라이팬에 버터를 녹인 다음 닭고기를 넣고 뒤집어 가면서 속까지 익도록 굽는다.

❸ 냄비에 물과 고형 수프를 넣어 끓이고, 청주를 넣고 한 번 더 끓어 오르면 간장과 버터를 넣고 소금, 후추로 간을 한다.

❹ 채 썬 깻잎을 넣어 살짝 끓인다.

치킨 롤

■ 재료(2인분)

닭가슴살 ···················· 2장
녹말가루 ················ 적당량
김, 표고버섯 ············ 각 2장씩
당근(1cm 네모) ·············· 4개
삶은 죽순(1cm 네모) ········ 4개
파드득나물 ············ $^1/_2$다발
식용유 ······················ $^1/_2$T
물 ·························· $^1/_4$컵
청주, 간장 ············ 각 1T 씩

물녹말

녹말가루 ···················· $^1/_2$t
물 ·························· $^1/_2$T

파슬리 ······················ 약간
겨자(기호에 따라) ········ 적당량

❶ 표고버섯은 채 썰고, 당근은 삶아 놓는다. 파드득나물은 끓는 물에 살짝 데치고, 물기를 잘 짜 둔다.

❷ 닭고기는 세로로 칼집을 넣고, 좌우로 벌려 넓게 펼친다.

❸ 닭고기에 얇게 녹말가루를 뿌리고 김을 놓은 다음 가운데에 표고버섯과 죽순, 파드득나물, 당근을 나란히 놓는다.

❹ 끝에서부터 김밥처럼 돌돌 만다.

❺ 연줄을 휘감아 묶고, 달군 프라이팬에 기름을 두르고, 닭고기를 넣고 전체가 노릇노릇해질 때까지 굽는다.

❻ 프라이팬의 기름을 버리고 물과 간장, 청주를 넣어 끓인다.

❼ 닭고기를 꺼내 통째썰기를 해서 접시에 담고, 남은 끓인 국물에 물녹말을 넣어 걸쭉하게 만든다.

군만두

■ **재료(2인분)**

돼지고기(간 것) ············ 100g
양배추 ···················· 150g
부추 ···················· 1/4다발
파 ························ 1/4개
마늘 ························ 1쪽
생강 ························ 5g
참기름 ···················· 약간
만두피(시판품) ·············· 16장
식용유 ···················· 적당량

A

청주, 설탕 ·············· 1/2T씩
간장 ························ 1T
소금 ························ 1/2t
후추 ························ 약간

양념장

간장, 식초 ·············· 1 1/2T
라유 ························ 1t

❶ 양배추, 부추, 파는 잘게 다진다. 마늘과 생강은 갈아 놓는다.

❷ 그릇에 간 돼지고기를 넣고, A를 넣어 찰기가 생길 때까지 잘 섞는다.

❸ ②의 그릇에 ①의 야채를 넣는다. 골고루 잘 섞는다. 이때 너무 지나치게 반죽하지 않도록 한다.

❹ 참기름을 넣고 향을 낸다. 여기서 만두소를 냉장고에 15분 정도 넣어 두면 만두를 빚을 때 모으기 쉬워진다.

❺ 만두피를 왼손에 펼쳐, 한가운데 소를 올린다. 소는 너무 많이 넣지 않도록 한다.

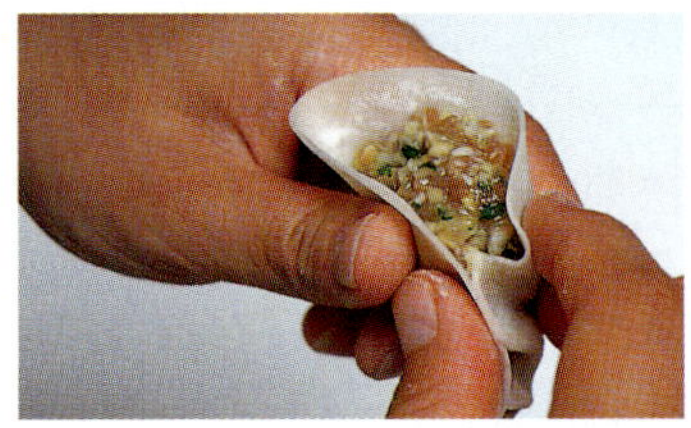

❻ 피의 한쪽 면에 물을 묻히고(집에서 만든 것은 필요 없음), 오른쪽 끝에서부터 순서대로 주름을 만들어 나간다.

❼ 너무 크면 잘 구워지지 않으므로 속재료를 줄여 다시 만든다.

❽ 프라이팬을 달구고 식용유를 둘러 만두를 조금 노릇노릇해질 때까지 중간 불로 굽는다. 만두 두께의 1/3에서 반 정도까지 뜨거운 물을 부어 넣는다.

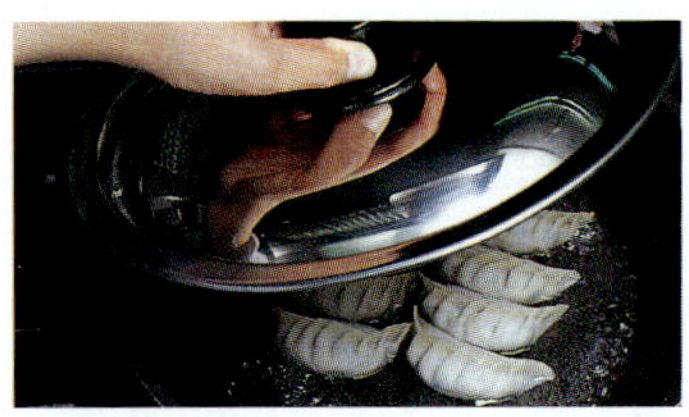

❾ 뚜껑을 덮고 불을 약하게 줄이고 쪄서 익힌다. 이때 만두 속재료까지 확실히 익힌다.

❿ 수분이 없어지면 뚜껑을 열고, 식용유를 조금 더 두르고 노릇노릇하게 굽는다.

간단한 춘권

■ **재료(2인분)**

중화야채믹스 ················120g
돼지고기(앞다리 살) ··········50g
파 ·························적당량
생강 ·······················적당량
춘권피 ·······················4장
녹말가루 ···················적당량

A
콘소메 스톡 ··············1/4개
간장 ······················1 1/2T
청주 ························1/2T
설탕 ·······················약간

❶ 돼지고기는 가늘게 자르고 파, 생강은 잘게 다진다.

❷ 프라이팬에 기름을 두르고 ①을 볶은 후 중화야채믹스를 넣는다.

❸ ②가 익으면 A를 넣고 간을 하고, 물녹말을 넣어 걸쭉하게 만든다.

❹ 춘권피의 모서리를 잘라내고 그 위에 ③을 올려 싼다. 180도의 기름에 튀긴다.

샤오마이

■ 재료(2인분)

돼지고기 ···················· 50g
양파 ···················· 1/4개
삶은 죽순 ···················· 25g
표고버섯 ···················· 1장
작은 새우 ···················· 25g
냉동 완두콩 ···················· 8개
샤오마이 피 ···················· 8장
조미료
 소금, 설탕 ············ 1/4t씩
 후추 ···················· 약간
 청주, 녹말가루 ············ 1/4씩
 참기름 ···················· 1/2t
 계란 흰자 ············ 1/4개분
 간장, 겨자, 식초 ········ 적당량

❶ 양파, 죽순, 표고버섯, 작은 새우는 각각 잘게 다진다.

❷ 그릇에 돼지고기, ①, 조미료를 넣고 찰기가 질 때까지 잘 섞는다.

❸ 샤오마이 피에 스푼 하나 분량의 재료를 넣어서 싼다.

❹ 완두콩을 찜통에 넣서 강한불에 약 8분간 찐다.

탕수육

■ 재료(2인분)

돼지고기 ···················· 120g
A
 청주 ···················· 1/2t
 소금 ···················· 약간
 후추 ···················· 약간
당근 ···················· 30g
양파 ···················· 1/4개
피망 ···················· 1개
홍피망 ···················· 1/4개
오이 ···················· 1/4개
마른 표고버섯(불린 것) ········ 3장
파인애플(캔) ···················· 1장
튀김옷
 계란 ···················· 1/2개
 물 ···················· 1T
 밀가루, 녹말가루 ········ 1T씩
B
 닭육수스프 ···················· 5T
 설탕, 간장 ···················· 1T씩
 식초, 케첩 ············ 1 1/2T씩
물녹말 ···················· 적당량

❶ 당근은 큼직하게 썰고 미리 데친다. 양파, 피망, 홍피망, 오이, 표고버섯도 큼직하게 썬다.

❷ 돼지고기는 사방 3cm 크기로 깍둑썰기 하여 A로 간을 하고 튀김옷을 입힌다. 파인애플은 6등분한다.

❸ ②의 돼지고기는 180도의 기름에 튀긴다. 노릇노릇하게 엷은 갈색이 되면 꺼낸다.

❹ 다른 냄비에 B를 넣고 끓었을 때 모든 재료를 넣는다. 전체가 익으면 물녹말로 걸쭉하게 만든다.

돼지고기와 짜사이 볶음

■ 재료(2인분)

돼지고기(앞다리 살) ·········150g
밑간용
　청주 ····················$1\,{}^1/_2$T
　간장 ························1t
　녹말가루 ·················$^1/_2$T
　소금 ······················약간
짜사이 ·······················60g
피망 ··························2개
식용유 ························1T
청주 ························$^1/_2$T
간장 ························$^1/_2$T

❶ 돼지고기, 짜사이, 피망은 모두 가늘게 잘라 놓는다.

❷ 돼지고기는 밑간용 재료에 담가 밑간을 한다.

❸ 중화 냄비에 식용유를 두르고, 돼지고기를 넣고 신속하게 볶는다.

❹ 고기가 익으면 짜사이를 넣어 볶고 피망을 넣는다.

❺ 청주와 간장을 넣어 빠르게 섞어서 그릇에 담는다.

돼지고기 · 노란부추 볶음

■ 재료(2인분)

돼지고기(두껍게 썬 것)······100g
푼 계란 ························1T
녹말가루 ····················$^1/_2$T
노란부추 ················$^1/_2$다발
죽순 ··························50g
모듬 조미료
　라오추(중국 양조술) or 오래된
　술, 굴소스 ············$1\,{}^1/_2$T씩
　설탕 ·······················약간
　간장 ·························1t
물녹말
　녹말가루, 물 ···········$^1/_2$t씩
　식용유······················1T

❶ 돼지고기는 5cm 길이로 가늘게 썰고, 계란과 녹말가루를 묻힌다.

❷ 노란부추와 죽순은 5cm 길이로 채 친다.

❸ 150~160도 정도의 기름에 돼지고기와 죽순을 튀기고 기름을 뺀다.

❹ 라오추, 굴소스, 설탕, 간장을 한데 섞어 놓는다.

❺ 중화 냄비에 식용유를 두르고 노란 부추를 볶고, 기름에 데친 재료를 넣고 모듬 조미료를 넣어 간을 하고 물녹말로 걸쭉하게 만든다.

돼지고기 김치 볶음

■ 재료(2인분)

돼지고기(얇게 썬 것) ·······200g
김치 ························100g
부추 ····················$^1/_2$다발
식용유 ······················$^1/_2$T
모듬 조미료
　청주 ·························1T
　간장 ······················$^1/_2$T

❶ 돼지고기는 3cm 폭, 한입 크기로 자른다. 김치도 3cm 길이로 자른다.

❷ 부추는 물에 잘 씻는다.

❸ ②의 부추는 밑동을 1cm 정도 잘라내고 3cm 길이로 자른다. 모듬 조미료는 섞어 둔다.

❹ 프라이팬에 식용유를 두르고 강한불에 돼지고기를 볶는다.

❺ 돼지고기가 익으면 이어서 김치와 부추를 넣고 볶는다.

❻ 마지막으로 모듬 조미료를 넣는다.

중화풍 돼지갈비

■ 재료(2인분)

돼지갈비 …………………… 400g
참기름 …………………… 약간
마늘 …………………… 2쪽
생강(새끼손가락 크기) ……… 1쪽
붉은 고추 …………………… 1개
물 …………………… $1\frac{1}{2}$컵
닭스프 가루 ………………… 약간
간장, 맛술 ………………… 2T씩

❶ 마늘은 두들겨 으깨고, 생강은 얇게 썬다. 붉은 고추는 씨를 뺀다.

❷ 달군 냄비에 참기름을 둘러 돼지갈비, ①을 넣고 굽고 물, 닭스프 가루, 간장, 맛술을 넣고 수분이 없어질 때까지 끓인다.

미트볼 크림 조림

■ 재료(2인분)

미트볼
돼지고기(간 것) ………… 100g
생강즙 …………………… 약간
청주 …………………… 1t
푼 계란 ……………… $1/2$개분
녹말가루 …………………… 1t
소금, 후추 ……………… 약간씩
간장 …………………… 약간
녹말가루, 튀김기름 …… 적당량
배추 …………………… 3장

끓인 국물
물 …………………… $1/4$컵
고형 콘소메 ………………… 1개
생크림 …………………… $1/4$컵
소금, 후추 ……………… 약간씩

물녹말
물 …………………… 1T
녹말가루 …………………… 1t

❶ 미트볼의 재료를 모두 섞어 손으로 잘 반죽한다. 찰기가 생기면 한 입 크기로 둥글게 만들어 가볍게 녹말가루를 묻힌다.

❷ 중간 온도(170도)의 기름에 미트볼을 알맞게 튀긴다.

❸ 배추는 길이를 반으로 자른 후 세로 1cm 폭으로 잘라 끓인 국물 재료가 들어 있는 냄비에 넣고 강할 정도의 중간불에 끓여 숨이 죽으면 미트볼을 넣고, 스프 가루를 넣는다.

❹ 배추가 물러지면 생크림을 부어 넣고 소금, 후추로 간을 한다.

❺ 물녹말을 넣어 걸쭉하게 만든다.

김치 돈까스

■ 재료(2인분)

돼지고기 얇게 썬 것 ··········4장
김치 ························적당량
소금, 후추 ··················약간씩
밀가루, 계란, 빵가루 ·····적당량씩
튀김기름 ····················적당량

❶ 돼지고기를 펴서 김치를 올리고 돼지고기를 한 장 더 올려 소금, 후추를 뿌린다.

❷ ①에 밀가루, 계란, 빵가루 순으로 묻히고 중간 온도(170도)의 기름에 튀겨서 먹기 좋은 크기로 자른다.

삼겹살 볶음

■ 재료(2인분)

양배추 잎 ····················3장
피망 ························2개
삼겹살 ······················150g
마늘 ························1쪽
빨간 고추 ···················1개
식용유 ······················1T
청주 ························1T
A
텐멘장 ······················2T
두반장 ······················1/2T
간장 ························1T

❶ 마늘은 잘게 다진다. 고추는 씨를 빼고 반으로 자른다. 돼지고기는 5cm 길이로 자르고, 양배추는 큼직하게 손으로 찢는다. 피망은 채 썬다.

❷ 달군 프라이팬에 식용유를 둘러 ①의 양배추와 피망을 넣고 볶는다.

❸ 달군 프라이팬에 식용유를 둘러 마늘과 붉은 고추를 넣고 돼지고기를 넣어 볶는다.

❹ ③에 A를 넣고 약한 불에 잘 볶다가 ②도 넣어 섞는다.

돼지고기 롤 튀김

■ 재료(2인분)

돼지고기(얇게 썬 것) ··········8장
브로컬리 ····················100g
슬라이스 치즈 ················8장
소금, 후추 ··················약간씩
튀김옷
밀가루 ······················100g
계란 ························1개
물 ··························3T
파슬리(잘게 다진 것) ·····적당량
튀김기름 ····················적당량

❶ 브로컬리는 작은 송이로 나누어 소금을 넣은 끓는 물에 데쳐 체에 걸러 식힌다.

❷ 돼지고기 크기에 맞춰 슬라이스 치즈를 자른다.

❸ 돼지고기에 소금, 후추, 슬라이스 치즈, 브로컬리 순으로 올린다.

❹ 브로컬리가 떨어지지 않도록 앞쪽부터 꼼꼼히 만다.

❺ 그릇에 계란을 풀고 물, 소금, 후추를 넣는다.

❻ 밀가루를 체에 걸러 넣어, 충분히 섞고 파슬리를 넣는다.

❼ 170도 정도의 기름에 튀김옷을 입힌 돼지고기를 튀긴다.

허브 돈가스

■ 재료(2인분)

돼지고기(한입 크기용) ········ 6장
소금 ························ 약간
후추 ······················ 적당량
올리브오일 ················ 적당량

A
머스터드 ···················· 2T
가루 치즈 ·················· 2T
계란 ························ 1개

B
빵가루 ······················ 1컵
파슬리 ······················ 2T

❶ 돼지고기에 소금, 후추를 뿌린다. 파슬리는 잘게 다진다.

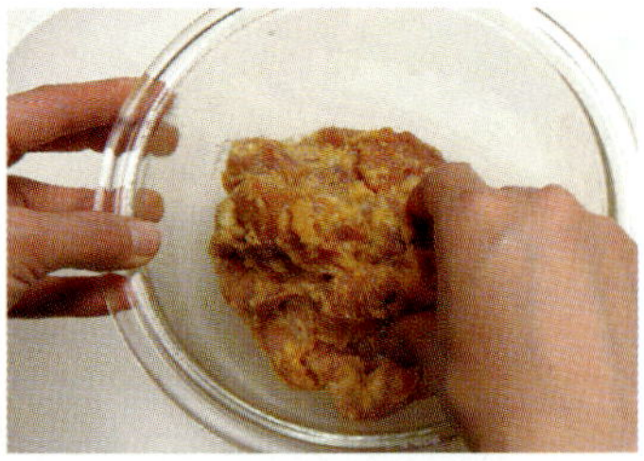

❷ A를 잘 섞은 후 돼지고기를 넣고, 조물조물 주무른다.

❸ B를 섞어 ②의 돼지고기에 빈틈없이 입힌다.

❹ 달군 프라이팬에 올리브오일을 넉넉히 두르고 ③을 넣어 노릇노릇하게 양면을 굽는다. 다 구워지면 망에 올려 놓고 기름을 뺀다.

크림소스 돼지고기 볶음

■ 재료(2인분)

돼지고기(안심) ·············· 200g
소금, 후추 ················ 약간씩
버터 ························ 약간
생크림 ···················· 1/2컵

❶ 돼지고기는 먹기 좋은 크기로 잘라 소금, 후추를 뿌린다.

❷ 프라이팬에 식용유를 두르고 ①을 넣고 구워 그릇에 담는다.

❸ ②의 프라이팬에 생크림을 넣어 조리고 소금, 후추로 간을 하여 돼지고기에 뿌린다.

통삼겹살 찜

■ 재료(2인분)

통삼겹살 ··· 200g
생강, 파 ··· 적당량
연근(小) ··· 1/2절
연겨자 ··· 적당량
줄콩 ··· 4개

A
다시 ··· 1 1/2컵
청주 ··· 1/2컵
설탕 ··· 25g
진간장 ··· 2 1/2T
흑설탕 ··· 1/2T

B
다시 ··· 3/4컵
설탕 ··· 1/2T
맛술, 묽은 간장 ··· 각 1/2T 씩
소금 ··· 약간

C
다시 ··· 4T
맛술, 묽은 간장 ··· 각 1/2T 씩

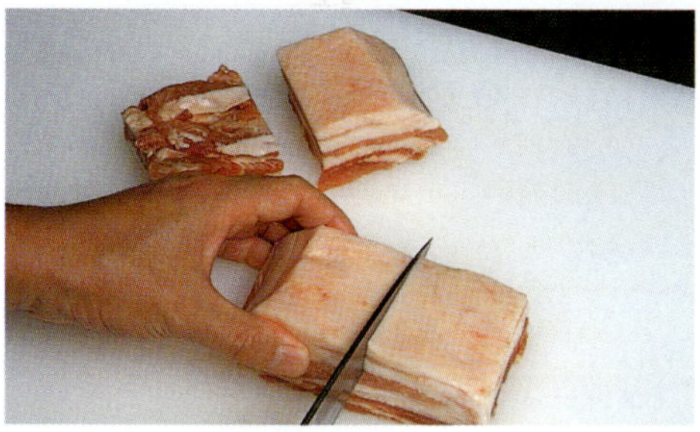

❶ 통삼겹살은 큼직하게 썬다.

❷ 프라이팬에 기름을 두르고 고기의 표면 전체를 굽는다.

❸ 냄비에 넉넉히 물을 넣고, 표면을 구운 고기와 생강, 파를 넣어 3시간 정도 끓여 고기를 부드럽게 만든 다음 다른 냄비에 고기를 깔고 A를 넣고 종이 덮개를 덮어 중불에 끓인다.

❹ 국물이 1/3이 될 때까지 푹 끓인다.

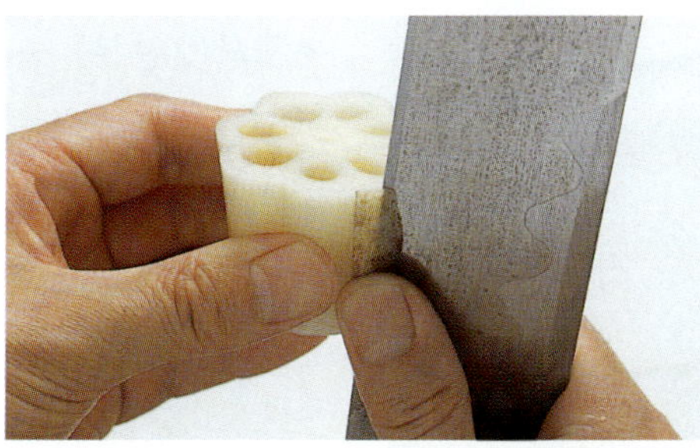

❺ 연근을 꽃모양으로 잘라 식초를 약간 넣은 끓는 물에 데쳐서 물에 헹군다. 냄비에 연근과 B를 넣고 종이 덮개로 덮어 양념 맛이 배어들도록 은근히 끓인다.

❻ 줄콩은 소금물에 데친 후 찬물에 담가 식히고 물기를 제거해 C에 담근다. 그릇에 삼겹살과 야채를 담아 연겨자를 곁들인다.

삼겹살 조림

■ 재료(2인분)

통삼겹살 ··· 200g
저민 생강 ··· 3개
국수장국 ··· 1컵
설탕 ··· 2t

❶ 돼지고기는 1cm 두께로 자른다.

❷ 냄비에 국수장국, 설탕을 넣고 가열하여 ①과 생강을 넣고 수분이 없어질 때까지 조린다.

돼지간 부추 볶음

■ 재료(2인분)

돼지 간 ··· 150g
부추 ··· 50g
당근 ··· 25g
숙주나물 ··· 60g
식용유 ··· 적당량

A

청주 ··· $\frac{1}{2}$T
진간장 ··· $\frac{1}{2}$T
다진 생강 ··· 5g
녹말가루 ··· $\frac{1}{2}$T
식용유 ··· 약간

B

청주 ··· $\frac{1}{2}$T
진간장 ··· $\frac{2}{3}$T
소금 ··· 약간
설탕 ··· $\frac{1}{2}$t
굴소스 ··· 1t
참기름 ··· 약간

❶ 한입 크기로 자른 간을 물에 10분 정도 담가 피를 뺀 다음 체에 걸러 물기를 잘 빼둔다.

❷ 물기를 뺀 간을 그릇에 넣고 A로 밑간을 한다. 간이 잘 배도록 손으로 조물조물 주무른다.

❸ 부추는 물에 씻어 4cm 정도로 잘라 둔다. 당근은 껍질을 벗겨 납작한 직사각형으로 썰어 놓는다.

❹ 숙주나물은 싹과 뿌리를 떼고, 물에 씻은 후 물에 담가 둔다. 볶기 직전에 체에 건진다.

❺ 달군 프라이팬에 식용유를 두르고 ③의 간을 중간불에 볶는다.

❻ 간의 색깔이 변하면 당근, 숙주나물, 부추 순으로 넣고 재빠르게 볶는다.

❼ 당근이 익으면 B의 조미료를 넣고 전체를 한데 섞는다. 마지막에 향이 나도록 참기름을 넣고 완성.

닭 간과 유채 볶음

■ 재료(2인분)

닭 간 ··· 100g
우유 ··· 적당량
간장 ··· 약간
코마츠나 ··· 150g
마늘 ··· $\frac{1}{2}$쪽
식용유 ··· 약간
소금 ··· 약간
간장 ··· 1T
맛술 ··· 1t

❶ 닭 간은 적당히 썰어 우유에 담가 피를 제거하고, 흐르는 물에 잘 씻어 물기를 뺀 다음 간장을 약간 뿌려둔다.

❷ 유채는 3cm 길이로 자르고, 마늘은 얇게 썬다.

❸ 달군 프라이팬에 식용유를 둘러 유채를 볶고 소금으로 간을 한 후 꺼낸다.

❹ 식용유를 더 넣어 마늘과 간을 볶고 익으면 유채를 다시 넣고 간장과 맛술로 간을 한다.

쇠고기 샐러드

■ 재료(2인분)

쇠고기(어깨살) ··············· 40g
오이 ························ 30g
무 ·························· 50g
래디시 ······················· 1개
건조 미역 ··················· 약간
깻잎 ························ 6장
A
식초 ························ 1t
간장, 설탕, 참기름 ······· 1/2t씩
다시 ······················· 1/2T

❶ 얇게 썬 쇠고기(어깨살)를 끓는 물에 살짝 데쳐, 냉수에 담갔다가 물기를 뺀다.

❷ 건조 미역은 물에 담가 불린 후 물기를 짠다.

❸ 그릇에 깻잎을 깔고 무, 오이를 담는다. 그 위에 쇠고기를 올려 얇게 저민 래디시를 뿌리고, A를 섞어서 끼얹는다.

쇠고기 야채탕

■ 재료(2인분)

소 넓적다리 살(지방이 적은 부분, 카레용도 좋다) ··········· 200g
마늘 ······················ 1/2편
양파 ······················ 1/2개
샐러리 ···················· 1/2개
당근 ······················ 1/2개
순무 ························ 1개
누에콩 ····················· 10알
올리브오일 ·················· 1T
브이욘 큐브 ················ 1/2개
월계수 ···················· 1/2개
소금, 후추 ············· 적당량씩

❶ 소 넓적다리 살은 4cm로 잘라, 소금, 후추를 뿌린다.

❷ 마늘과 양파는 잘게 다진다. 샐러리는 심을 떼고, 1cm 폭으로 자르고, 당근은 직사각형으로 자른다. 순무는 껍질을 벗겨 8등분 한다. 누에콩은 데쳐서 껍질을 벗긴다.

❸ 큼직한 냄비를 준비하여 올리브오일를 넣고 고기를 볶는다. 노릇노릇해지면 당근, 양파, 샐러리를 넣고 볶는다. 숨이 죽으면 재료가 잠길 정도의 물, 브이욘 큐브, 월계수잎을 넣는다.

❹ 끓어오르면 거품을 걷어내고 뚜껑을 덮어 물러질 때까지 1시간 이상 끓인 다음 당근을 넣는다.

❺ ④의 고기가 익으면 소금, 후추로 간을 맞추고 순무를 넣고 3분 정도 끓인 다음 누에콩을 넣고 불을 끈다.

스테이크

■재료(2인분)

쇠고기(스테이크 용) ·········200g
소금, 후추 ················약간씩
식용유 ······················약간
무 ························적당량
초간장 ····················적당량

❶ 쇠고기는 사방 2cm 크기로 깍둑썰기 해서 소금, 후추를 뿌린다. 무는 간다.

❷ 달군 프라이팬에 식용유를 두르고 쇠고기를 넣어 기호에 맞게 적당히 구워 무 간 것을 올리고, 초간장을 뿌린다.

쇠고기 브로컬리 볶음

■재료(2인분)

얇게 저민 쇠고기············100g
소금, 후추 ················약간씩
계란 흰자 ······················1T
녹말가루 ···················1/2T
청주 ························1/2t
식용유 ····················적당량
브로컬리 ················1/2송이
샐러리 ····················1/2개
파 ··························5cm
생강 ······················1/2쪽
참기름 ······················약간

모듬 조미료
굴소스 ·····················1/2T
간장 ·······················1/2T
중화풍 조미료(과립)········약간
청주 ··························1T

❶ 쇠고기는 반으로 잘라 소금, 후추를 뿌려 밑간을 한다.

❷ 쇠고기에 계란 흰자, 청주, 녹말가루를 섞어 잘 묻혀서 약간 낮은 온도(160도)의 기름에 살짝 튀긴다.

❸ 브로컬리는 작게 나누고, 줄기는 먹기 좋은 크기로 자른다.

❹ 샐러리는 어슷썰기를 하고 브로컬리와 함께 기름에 살짝 튀겨 기름기를 빼둔다.

❺ 중화 냄비에 식용유를 두르고 파와 생강 다진 것을 볶고, 모듬 조미료를 넣는다.

❻ 쇠고기, 브로컬리, 샐러리를 넣어 잘 섞고 마지막으로 참기름을 넣는다.

아스파라거스 쇠고기말이

■재료(2인분)

그린 아스파라거스 ············8개
샤브샤브용 쇠고기 ············8장

A
간장··························2T
맛술··························2T
물····························2T
식용유························1t
산초가루 ····················약간

❶ 아스파라거스는 밑동의 껍질이 단단한 곳을 잘라내고, 반으로 자른다. 냄비에 물을 끓여 아스파라거스의 밑동 부분을 넣고 30분 정도 지난 후 이삭 부분을 넣어 1분 정도 데친다. 물에 헹궈 물기를 뺀다.

❷ 쇠고기에 아스파라거스를 2개씩 만다.

❸ 달군 프라이팬에 기름을 두르고 쇠고기말이의 끝을 아래로 하여 굽는다. 전체가 노릇노릇 해지면 A를 넣고 국물을 끼얹어 준다.

❹ 국물이 없어지면 불을 끄고 산초가루를 뿌린다.

쇠고기 굴소스 볶음

■재료(2인분)

쇠고기(얇게 저민 것)……150g
양상추……1/2개
모듬 조미료
- 청주……1/2T
- 굴소스……1/2T
- 간장……1/2t
- 소금, 후추……약간씩
- 식용유……1T

❶ 쇠고기는 2cm 폭으로 자르고, 상추는 손으로 대충 찢어서 물에 씻은 다음 체에 건져서 물기를 뺀다.

❷ 달군 프라이팬에 식용유를 두르고 쇠고기를 넣어 뒤적이며 볶은 다음 모듬 조미료를 넣는다.

❸ 양상치를 넣고 신속히 함께 볶는다.

태국식 쇠고기 샐러드

■재료(2인분)

쇠고기(얇게 저민 것)……100g
보라색 양파……1/4개
당근……2cm
오이……1/2개
실파……2개
마늘……1/2편
식용유, 참기름……1/2t
소금, 후추……약간씩
상추……10장
코리엔더(고수)……약간
토마토……적당량
소스
- namplaa(태국음식에 쓰이는 생선소스)……1T
- 레몬즙……1T
- 설탕……1t
- 고추가루……약간

❶ 소스 재료를 모두 섞는다.
❷ 보라색 양파는 얇게 썰어 물에 헹군다음 물기를 뺀다.
❸ 당근은 채 썰고, 오이는 세로 반으로 잘라 얇게 썬다. 실파는 4cm 길이로 자른다.
❹ 쇠고기는 한입 크기로 자른다.
❺ 마늘은 얇게 저민다.
❻ 달군 프라이팬에 식용유, 참기름을 두르고 마늘과 쇠고기를 볶아서 소금, 후추로 간을 하고 그릇에 담는다.
❼ ②와 ③의 야채를 넣고, 소스와 섞는다.
❽ 상추를 깐 그릇에 ⑦의 샐러드를 담는다. 토마토를 장식하고 고수잎을 얹는다.

■재료(2인분)

쇠고기(넓적다리 살)……120g
베이킹소다……약간
계란……1개
설탕……약간
간장……적당량
마늘……약간
피망……2개
죽순(물에 끓인 것)……1/4개
파……10cm
설탕……1/2T
굴소스……1T
소홍주, 후추, 조미료, 녹말가루……약간씩

❶ 가늘게 썬 쇠고기를 베이킹소다, 계란, 설탕, 간장, 물과 한데 잘 섞어 1시간가량 둔다. 피망은 속을 파내고 죽순과 함께 가늘게 썬다.
❷ 넉넉히 기름을 두른 프라이팬에 미리 준비해 둔 고기를 30초 정도 볶아 기름을 뺀다.
❸ 얇게 썬 마늘을 불에 올려 향이 나면 설탕, 간장, 굴소스, 소흥주, 후추, 조미료를 넣고 소스를 만든다.
❹ ②에서 기름에 볶은 고기, 죽순, 피망과 ③에서 만든 소스에 넣는다. 녹말가루를 더해 냄비에서 볶아서 완성.

친자오로스(京醬肉絲 가늘게 썬 돼지고기를 북경 특유의 춘장 같은 것에 볶은 요리)

닭 모래주머니 튀김

■ 재료(2인분)

닭 모래주머니 ·············· 200g
간장 ·························· 2T
맛술 ·························· 1T
다진 마늘 ···················· 약간
녹말가루 ···················· 적당량
튀김기름 ···················· 적당량

❶ 닭 모래주머니는 먹기 좋은 크기로 자르고, 간장, 맛술, 마늘에 담가 두었다가(약 10분), 물기를 닦는다.

❷ ①에 녹말가루를 묻혀서 중간 온도의 기름에서 튀긴다.

닭가슴살 텐멘장 무침

■ 재료(2인분)

닭가슴살 ···················· 150g
텐멘장* ······················· 1T
간장, 식초 ················ 약간씩
써니 레터스 ················ $\frac{1}{4}$개
깻잎 ·························· 3장
양하 ························· $\frac{1}{2}$개
볶은 깨 ······················ 약간

* 텐멘장은 밀가루로 만든 중국식 된장이다.

❶ 닭가슴살의 힘줄을 제거하고, 5mm 폭으로 비스듬히 썬다.

❷ 끓은 물에 ①을 익힌다.

❸ ②의 물기를 잘 빼고, 가늘게 썬다.

❹ 그릇에 텐멘장, 간장, 식초를 넣고 ③과 잘 버무린다.

❺ 그릇에 ④를 담고 써니 레터스, 깻잎, 양하 저민 것을 곁들여 깨를 뿌린다.

소시지 볶음

■ 재료(2인분)

소시지 ························ 2개
콩깍지 ························ 2개
케첩 ························ $1\frac{1}{2}$T
식용유 ························ 1t

❶ 소시지는 속까지 익혀 볶고, 2~3개로 어슷썰기를 한다.

❷ 줄콩은 심을 떼고 어슷썰기를 한다.

❸ 냄비에 기름을 두르고 강한불에 ①과 ②를 섞어 살짝 볶고, 케첩을 넣어 간을 하여 재빠르게 완성.

무와 가리비 샐러드

■ **재료(2인분)**

무, 당근, 가리비(캔) ····· 각 30g씩
소금, 후추 ················ 약간씩
마요네즈 ···················· 1T
A
토마토 슬라이스 ············ 2장
오이 슬라이스 ············· 10장
노랑 · 빨강 파프리카, 순무 등의 떡잎, 숙주나물, 보라색, 양배추, 상추 ················ 적당량씩

❶ 무와 당근은 채 썰어 물에 10분 정도 담갔다가 건져내어 물기를 뺀다.

❷ 그릇에 ①과 가리비를 넣고 소금, 후추, 마요네즈를 넣어 버무린다.

❸ 그릇에 ②와 A를 담는다.

모시조개와 짜사이 무침

■ **재료(2인분)**

모시조개(조갯살) ··········· 100g
청주 ························ 4T
짜사이(병에 든 것) ·········· 60g
파 ·························· 1개
참기름 ······················ 2T

❶ 모시조개를 청주에 넣고 찐다.

❷ 짜사이는 채 썬다.

❸ 파는 채 썰고 참기름을 넣어 ①, ②로 버무린다.

문어와 콩 샐러드

■ **재료(2인분)**

문어 ······················ 100g
콩(설탕조림) ················ 50g
다진 양파 ··················· 2T
다진 마늘 ·················· $1/2$T
다진 파슬리 ················· 1T
화이트 와인, 레몬즙 ········ 1T씩
A
올리브오일 ·················· 1T
와인식초(백) ················ 2T
설탕 ······················· 약간
소금, 후추 ················ 약간씩

❶ 문어는 베어내듯 자른다.

❷ 문어는 화이트 와인을 뿌려 전자레인지에 1분간 가열하고 레몬즙을 뿌려 그대로 식힌다.

❸ A를 한데 섞어 양파, 마늘, 파슬리를 넣은 다음 문어, 콩(설탕조림)을 넣고 소금, 후추를 뿌려 간을 맞춘다.

참치 무 샐러드

■ **재료(2인분)**

참치 ························160g
A
간장 ······················적당량
와사비 ····················적당량
무 간 것 ··················200g
경수채 ·················$1/2$다발
땅두릅 ·······················4㎝
당근 ························4cm
양파 ························1개
참기름 ······················1T
흰깨 ······················적당량
구운 김 ···················적당량

❶ 그릇에 주사위 모양으로 자른 참치와 A를 넣고 버무린다.

❷ 경수채는 4cm 길이로, 양파는 얇게 썬다. 땅두릅과 당근은 채 썬다. 그것을 잘 섞어 물에 헹구고, 물기를 확실히 뺀다. 이것을 ①의 그릇에 넣고 잘 버무린다.

❸ ②에 향이 있는 참기름과 흰깨를 넣어 잘 버무린다. 그릇에 담아 잘게 썰은 김을 올려 완성.

오징어와 토마토의 이탈리안 샐러드

■ **재료(2인분)**

오징어(횟감) ················150g
토마토 ···················$1/2$개
양파 ·····················$1/4$개
새싹, 채소 ················$1/2$팩
소스
올리브오일 ················$1\,1/2$T
식초 1과 ··················$1/2$T
다진 마늘 ············$1/2$쪽 분량
소금 ······················약간
검은 후추(거칠게 빻은 것) ··약간

❶ 오징어는 먹기 쉽도록 5mm 폭으로 자른다.

❷ 토마토는 얇은 빗모양으로 자르고, 양파는 얇게 썰어 찬물에 헹군다. 새싹 채소는 뿌리를 잘라내고 길이를 2등분 한다.

❸ 소스 재료를 한데 잘 섞어 놓는다.

❹ 냄비에 물을 끓여 오징어를 살짝 데쳐 체에 담아 물기를 뺀다.

❺ 소스에 오징어, 토마토, 양파, 새싹 채소를 넣고 섞는다.

문어 샐러드

■ **재료(2인분)**

양파(中) ··················$1/2$개
샐러리 ···················$1/2$개
래디시 ······················1개
문어 ·······················100g
소스
간장 ························1T
참기름 ····················$1/4$T
라유 ······················약간
식용유 ····················$1/2$T
식초 ······················$1/2$T
맛술 ························1t

❶ 양파는 세로 반으로 잘라, 가능한 한 얇게 썰어 물에 헹군다. 물은 3~4회 갈아 준다.

❷ 샐러리는 심을 떼고 썬다. 래디시는 얇게 썬다.

❸ 문어는 가능한 한 얇게 베어내듯 썬다.

❹ 접시에 ①~③의 재료를 모아 담는다.

❺ 소스 재료를 섞어 샐러드에 뿌려서 먹는다.

문어와 당면 샐러드

■ 재료(2인분)

데친 문어 ··· 100g
양파 ··· 1/4개
깻잎 ··· 3장
당면 ··· 15g
생강(간 것) ··· 1/2t
방울 토마토 ··· 4개
소금 ··· 약간
기호에 따른 소스 ··· 적당량

❶ 당면은 뜨거운 물에 담가 불리고, 흐르는 물에 잘 씻어 물기를 뺀 다음 10cm 길이로 썬다.

❷ 양파는 얇게 썰어 소금을 조금 뿌려서 절이고 물로 씻은 다음에 물기를 짠다.

❸ 데친 문어는 얇게 어슷썰기를 하고, 깻잎은 채썰기를 한다.

❹ 방울 토마토는 반으로 자르고, 모든 재료를 잘 섞는다.

큰실말 냉국

■ 재료(2인분)

생(生) 큰실말 ··· 100g
오이 ··· 1/2개
양하 ··· 1개
소금 ··· 약간
A
식초 ··· 2T
설탕 ··· 3/5T
간장 ··· 1t

❶ 큰실말은 체에 넣어 씻고, 물기를 뺀 다음 적당한 길이로 자른다.

❷ 오이는 얇게 썰어 소금으로 비빈다. 양하는 얇게 썬다.

❸ 그릇에 담고 섞은 A를 따른다.

큰실말과 잔멸치 무침

■ 재료(2인분)

양파 ··· 1/4개
간이 밴 큰실말 ··· 80g
잔멸치 ··· 1T
깻잎 ··· 2장

❶ 양파는 얇게 썰어 물에 헹구어 물기를 짠다.

❷ 간이 밴 큰실말과 ①을 버무려 그릇에 담는다.

❸ ②에 잔멸치를 올려 깻잎을 곁들인다.

꽈리고추 간장절임

■ 재료(2인분)

꽈리고추 ······················ 10개
간장 ·························· 1T
다시 ·························· 1T
가다랭이포 ················· 적당량

❶ 꽈리고추는 석쇠에 굽는다.

❷ 다시와 같은 양의 간장을 섞는다.

❸ ②를 그릇에 담고 ①을 넣어 섞은 다음 기호에 따라 가다랭이포를 곁들인다.

참치 샐러드

■ 재료(2인분)

참치(횟감) ·············· 1/2덩어리
마리네 액
　간장, 청주 ·············· 1/2T씩
　생강 간 것 ················· 1/4t
양파 ························· 1/4개
양상추, 밀가루 ··········· 적당량씩
토마토 ························ 1개
non-oil 소스 ·············· 적당량

❶ 참치는 한입 크기로 잘라 한데 섞은 마리네 액에 10분간 담근다. 양파는 얇게 썰어 물에 헹구고 물기를 잘 짠다. 양상추는 큼직한 한입 크기로 찢고, 토마토는 통째썰기한다.

❷ 참치의 물기를 닦고 밀가루를 묻혀 중간 온도(170도)의 기름에 바삭하게 튀긴다.

❸ 그릇에 양상추와 토마토, 기름을 뺀 참치를 담고, 양파와 소스를 뿌린다.

게살 버섯 샐러드

■ 재료(2인분)

왕게 다리 ····················· 4개
양송이 ························ 6개
올리브오일 ···················· 4T
레몬즙 ························ 4t
파슬리 다진 것 ················ 1T
포도 식초 ···················· 1/2t
소금, 후추 ················· 약간씩
상추 ·························· 4장

❶ 왕게는 살을 꺼내 한입 크기로 자른다. 양송이는 대를 떼어내고 얇게 썰어 그릇에 담고 레몬즙을 뿌린다.

❷ 양송이에 왕게, 올리브오일, 잘게 다진 파슬리, 포도식초, 소금, 후추를 넣고 한데 섞는다.

❸ 그릇에 상추를 깔고 ②를 담는다.

뱅어와 야채 머스터드 무침

■ 재료(2인분)

땅두릅 ······················ 12cm
당근 ·························· 1개
실파 ························ 적당량
뱅어(생식용) ·················· 80g
A
　포메리(pommery) 머스터 ·· 80g
　설탕 ························ 15g
　화이트 와인, 식초 ········· 1T 씩
　식용유 ······················· 5T
　식용꽃 ····················· 적당량

❶ 땅두릅, 당근은 가늘고 길게 채썰기하고 물에 헹궈 둔다. 실파는 4cm 길이로 잘라 물기를 뺀 야채와 섞는다.

❷ ①과 뱅어를 섞어 그릇에 담는다. A를 섞어 머스터드 소스를 만들어 뿌린다. 마지막으로 식용꽃을 뿌린다.

버섯과 오징어 마리네

■ **재료(2인분)**

만가닥 버섯 ··················· 1팩
오징어 ····················· 1/2개
홍피망 ····················· 1/4개
검은 올리브(씨 없는 것) ······· 3개
A
와인 식초 ···················· 1T
레몬, 소금, 후추 ············ 약간
엑스트라버진 올리브오일 ····· 1T

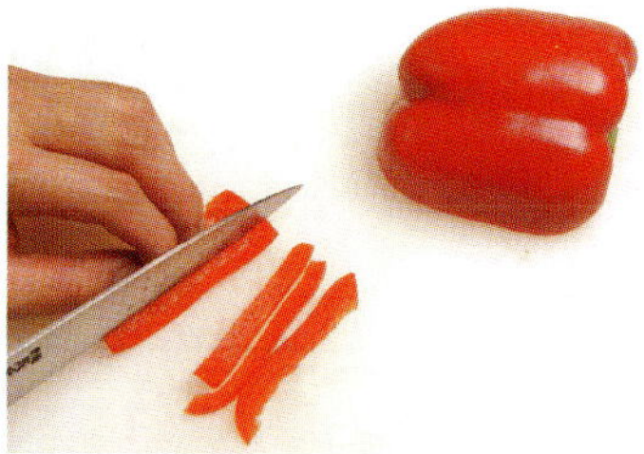

❶ 만가닥 버섯은 가닥 가닥 떼어 내고, 오징어와 피망은 가늘게 썬다.

❷ 미리 준비한 만가닥 버섯, 오징어, 홍피망과 검은 올리브를 체에 담아 가다랭이 다시에 살짝 데쳐 물기를 뺀다.

❸ ②에 A를 뿌려 섞고 그릇에 담는다.

토마토 생두부 무침

■ **재료(2인분)**

토마토 ······················· 1개
두부 ························· 1모
양파 ······················· 1/4개
오크라(아욱과의 한해살이 채소)
······························ 4개
가다랭이포 ··················· 5g
식초, 소금 ················ 약간씩
일본식 소스 ·············· 적당량

❶ 두부는 종이타올을 깐 그릇에 넣고 물기를 짠다.
❷ 토마토는 꼭지를 따고 가로 반으로 자르고 씨를 빼 사방 1cm 크기로 네모썰기 한다. 양파는 세로로 얇게 썰어 식촛물에 헹구었다가 물기를 뺀다. 오크라는 소금을 뿌려 손으로 비비고 흐르는 물에 씻어 물기를 닦고, 꼭지를 따, 얇고 둥근 단면 썰기를 한다.
❸ 두부는 한입 크기로 잘라 그릇에 담는다.
❹ 토마토와 양파, 오크라, 가다랭이포를 장식하고 일본식 소스를 뿌린다.

줄콩 베이컨 볶음

■ 재료(2인분)

줄콩 ··· 100g
베이컨 ··· 2장
양파 ··· 30g
콘소메 수프 ··· 2T
식용유, 버터 ··· $1/2$T씩
소금, 후추 ··· 약간씩

❶ 줄콩은 심을 떼고 양끝을 잘라 내 소금물에 데친다. 찬물에 넣어 식힌 후 물기를 빼 둔다.

❷ 베이컨은 1.5cm 폭의 납작한 직사각형으로 자르고, 양파는 잘게 다진다.

❸ 식용유, 버터를 달군 프라이팬에 넣어 양파를 볶고 베이컨을 넣은 다음 마지막으로 줄콩을 추가하고 수프를 붓고 3~4분간 끓인 후에 소금, 후추로 간을 한다.

태국식 실곤약 샐러드

■ 재료(2인분)

실곤약 ··· 100g
마른새우 ··· 15g
목이버섯 ··· 5g
붉은 양파 ··· $1/4$개
A
레몬즙 ··· $1\,1/3$T
Namplaa(태국생선소스) ··· 1T
칠리 소스 ··· $1/2$T

❶ 실곤약은 뜨거운 물에 가볍게 데치고, 목이버섯은 물에 불려 둔다. 붉은 양파는 얇게 썰어 물에 헹궈 둔다.

❷ 그릇에 A를 섞는다.

❸ 마른 새우와 ①, ②를 한데 섞어 그릇에 담는다.

시금치 팽이 무침

■ 재료(2인분)

시금치 ··· 1단
팽이버섯 (병조림) ··· 1개
간장 ··· 약간

❶ 시금치는 소금물에 데친 후 찬물에 넣어 식혔다가 물기를 짜고 3cm 정도로 자른다.

❷ 그릇에 ①과 팽이버섯을 넣어 잘 섞는다.

❸ 간장을 조금 넣고 간을 조절하여 그릇에 담는다.

줄콩 참깨무침

■ 재료(2인분)

줄콩 ··········· 100g
A
참깨 ··········· 2T
간장 ··········· 1T
청주 ··········· 1t
설탕 ··········· 1/2t

❶ 줄콩은 심을 뗀다. 냄비에 물을 끓여 소금(분량 외)을 넣고 줄콩을 2분 정도 데친다. 체에 걸러 찬물에 담가 식혔다가 물기를 뺀다.

❷ A의 참깨를 형태가 보이지 않을 때까지 간다. 조미료를 넣고 섞는다.

❸ ②에 줄콩을 섞고 그릇에 담는다.

꽈리고추와 두부 샐러드

■ 재료(2인분)

연두부 ··········· 1모
꽈리고추 ··········· 10개
보리새우 ··········· 1T
소스
시판 일본풍 소스 ··········· 2T
생강 간 것 ··········· 1/2t
참기름 ··········· 1/2T

❶ 소스의 재료를 잘 섞는다.

❷ 꽈리고추는 꼭지를 따고 세로로 반을 갈라 씨를 뺀다. 두부는 두꺼운 쪽을 반으로 잘라 8등분 한다.

❸ 끓는 물에 두부를 넣고 2~3분 동안 데쳐서 체에 건져 물기를 뺀다.

❹ 프라이팬에 참기름을 두르고 중간불에 꽈리고추를 넣고 기름이 돌 때까지 볶는다.

❺ 그릇에 따뜻한 두부와 꽈리고추를 담고 소스를 뿌린 다음 보리새우를 얹는다.

스틱 야채

■ 재료(2인분)

작은 당근 ··········· 4개
샐러리 ··········· 1/2개

❶ 샐러리는 씻어서 껍질을 벗기고, 먹기 좋은 크기로 자른다. 이때 껍질이 끊기지 않도록 주의하고, 세로로 가늘게 자르면 식감이 좋다.

❷ 작은 당근을 잘 씻는다.

〈닭다리의 튀김〉 조리법은 109 쪽 참고

브로컬리 겨자 무침

■ **재료(2인분)**

브로컬리 ··· 150g

A

- 간장 ··· $1\frac{1}{2}$T
- 연겨자 ··· 약간

❶ 브로컬리는 작은 송이로 나누어 줄기쪽 딱딱한 부분은 껍질을 벗기고 두께 3~4mm로 자른다.

❷ 끓는 소금물에 줄기 쪽부터 데친 다음 잎부분을 넣어 중간불에 3~5분간 데친다.

❸ 데쳐지면 체에 걸러 펼쳐 놓고 식힌다.

❹ A의 조미료를 섞어 브로컬리가 미지근할 때 버무려 그릇에 담는다.

브로컬리 볶음

■ **재료(2인분)**

브로컬리 ··· 1포기
마늘 ··· 1쪽
중화 브이욘 가루 ··· $\frac{1}{2}$개
물 ··· $1\frac{1}{2}$컵
청주 ··· 1T
소금, 후추 ··· 약간씩
참기름 ··· 약간

물녹말

- 녹말가루 ··· 1T
- 물 ··· 1T

❶ 브로컬리는 작은 송이로 나누어 먹기 쉬운 크기로 자른다.

❷ 마늘은 껍질을 벗기고 듬성듬성 다진다.

❸ 냄비에 중화 브이욘과 물, 청주, 소금, 후추를 넣고 불에 올린다.

❹ 끓어 오르기 직전에 브로컬리를 넣고 색이 선명해질 때까지 약 3분간 끓인다.

❺ 마늘을 넣고 한 번 끓어오르면 수용 녹말가루로 걸쭉하게 만든다.

❻ 마지막으로 참기름을 넣어 섞는다.

양하와 미역 샐러드

■ **재료(2인분)**

양하 ··· 2개
마른 미역 ··· 3g
어묵 ··· 2토막

와사비 식초

- 와사비 ··· 약간
- 식초 ··· 1T
- 설탕 ··· $\frac{2}{3}$t
- 간장 ··· 1t
- 다시 ··· 1T

❶ 미역은 미지근한 물에 2~3분간 불려 체에 건진다.

❷ 양하는 세로로 몇 군데 칼집을 넣어 채 썬다. 어묵은 가늘게 자른다.

❸ 와사비 식초의 재료를 섞어 미역, 양하, 어묵을 버무려 그릇에 담는다.

컬리플라워와 베이컨 볶음

■ 재료(2인분)

컬리플라워 ··· 1/2포기
베이컨 ··· 1장
파슬리 다진 것 ··· 1T
버터 ··· 1T
소금, 후추 ··· 약간씩

❶ 컬리플라워는 작은 송이로 나누고, 베이컨은 5mm 폭으로 자른다. 끓는 물에 컬리플라워를 약 3분간 데치고, 물기를 뺀다.

❷ 베이컨을 프라이팬에서 중간불에 굽고 기름이 나오기 시작하면 버터를 넣는다. 컬리플라워를 넣고 약 3분간 볶은 다음 소금, 후추로 간을 한다.

❸ 마지막으로 파슬리를 넣고 살짝 섞는다.

오이와 미역 초무침

■ 재료(2인분)

오이 ··· 1개
미역(건조) ··· 2g
소금 ··· 소량
모듬 식초
　식초 ··· 2T
　참기름, 간장 ··· 1/2t씩
　설탕 ··· 1t
　소금 ··· 약간

❶ 오이는 얇게 둥근 단면 썰기를 하고 가볍게 소금을 친다.

❷ 숨이 죽으면 물기를 꼭 쥐어짜 낸다.

❸ 미역은 물에 불려 살짝 뜨거운 물에 담가, 적당한 길이로 자른다.

❹ 물기를 뺀 ②와 ③을 합쳐 먹기 직전에 모듬 식초로 버무린다.

잔멸치 연근 샐러드

■ 재료(2인분)

연근 ··· 80g
잔멸치 말린 것 ··· 40g
당근 ··· 20g
크레송 ··· 2장
플레인 요구르트 ··· 3T
마요네즈 ··· 1T
식초 ··· 적당량

❶ 연근은 얇게 썰어 식초물에 헹군 다음 물기를 잘 뺀다.

❷ 당근은 채 썬다.

❸ 플레인 요구르트와 마요네즈를 섞어 ①, ②, 잔멸치 말린 것을 버무린다.

가다랭이와 야채 마리네

■ 재료(2인분)

가다랭이(회용) ··· 100g
방울토마토 ··· 4개
양파 ··· 1/4개
피망 ··· 1/2개분
샐러리 ··· 1/4개
레몬, 토마토 ··· 1개씩
딜(dill) ··· 약간
마리네 액
 식용유 ··· 1 2/3T
 식초 ··· 1T
 레몬즙 ··· 1/2T
 소금 ··· 약간
참깨 ··· 약간
월계수잎 ··· 1장

❶ 가다랭이는 7~8cm 두께로 자르고, 방울 토마토는 반으로 자른다. 양파와 피망은 얇은 통째 썰기를 하고, 샐러리는 껍질을 벗겨 세로로 1cm 폭으로 자른다. 레몬은 얇게 통째썰기한다.

❷ 가다랭이와 레몬 4장 분을 뺀 재료를 그릇에 넣는다.

❸ 월계수잎을 넣은 마리네 액을 냄비에 넣고 끓기 직전까지 데워 ②에 붓는다.

❹ ③이 식으면 가다랭이를 넣고 가볍게 섞어 냉장고에 넣어 잘 식힌다.

줄콩과 토마토 샐러드

■ 재료(2인분)

줄콩 ··· 80g
양파 ··· 1/4개
토마토 ··· 1개
식초 소스
 식용유 ··· 2T
 와인 식초 ··· 1T
 소금, 후추 ··· 약간씩
 설탕 ··· 약간

❶ 줄콩은 씻어서 심을 떼고 끓는 물에 데치고, 물기를 뺀 후 4~5cm 길이로 잘라서 식힌다.

❷ 양파는 잘게 다져 소금으로 비비고, 물에 담가 놓는다.

❸ 그릇에 식초 소스의 재료를 넣고 잘 섞어 식초 소스를 만든다.

❹ ③에 양파를 넣어 잘 섞고 뜨거운 물에 살짝 데쳐 껍질을 벗겨서 얇게 썬 토마토와 줄콩 위에 뿌린다.

시금치와 베이컨 간장 구이

■ 재료(2인분)

시금치 ··· 2포기
어묵(납작한 것) ··· 5cm
베이컨 ··· 2장
간장 ··· 1/2T
후추 ··· 약간
버터 ··· 1/2T
다진 마늘 ··· 1/4쪽분

❶ 어묵은 1cm 폭의 납작한 직사각형으로 자르고, 시금치는 3cm 길이로 자르고, 베이컨은 1cm 폭으로 자른다.

❷ 달군 프라이팬에 기름을 두르고 다진 마늘을 넣어 향이 날 때까지 볶은 후 베이컨을 넣어 볶는다.

❸ 시금치를 넣고 살짝 볶은 후 간장을 두르고, 후추로 간을 조절한다.

팽이버섯 매실 무침

■ **재료(2인분)**

팽이버섯 ··················· 1봉지
매실장아찌 ··················· 1개
가다랭이 다시 ··················· 2t
잘게 썬 김 ··················· 적당량

❶ 팽이버섯은 밑동을 잘라내고, 길이를 반으로 자른다.

❷ 팽이버섯은 살짝 데쳐 냉수에 담가 두었다 물기를 뺀다.

❸ 매실장아찌의 씨를 빼고, 칼로 두드려 다진다.

❹ 매실 다짐으로 팽이버섯을 버무리고, 김을 올린다.

토마토를 넣은 순무 샐러드

■ **재료(2인분)**

순무 ··················· 2개
파슬리(다진 것) ··················· 약간
토마토 소스
토마토(小) ··················· 1/4개
식용유 ··················· 2T
식초 ··················· 3/4T
마늘 짠 즙 ··················· 약간
후추 ··················· 약간
소금 ··················· 약간

❶ 순무는 껍질을 깎아 얇게 썰고, 찬물에 헹구어 체에 걸러물기를 뺀다.

❷ 토마토는 살짝 데쳐서 껍질을 벗기고 사방 5mm크기로 깍둑썰기한 후, 거품기로 잘 섞은 소스에 섞어 ①을 넣고 파슬리 다진 것을 뿌린다.

양배추 된장 마요네즈 샐러드

■ **재료(2인분)**

양배추 ··················· 1/8개
어묵 (구멍뚫린 것) ··················· 1개
미역 ··················· 30g
된장 ··················· 3/4T
마요네즈 ··················· 2T

❶ 양배추는 잎부분을 사방 2cm 크기로 깍둑썰기하고 심이 딱딱한 부분은 얇게 썬다.

❷ 끓는 물에 ①을 살짝 데치고 체에 걸러 식혀 둔다.

❸ 어묵은 세로로 반을 갈라 5mm 폭으로 반달모양이 되게 썬다.

❹ 미역은 물에 불려 한입 크기로 자르고 물기를 빼 둔다.

❺ 그릇에 된장을 넣고 마요네즈를 조금씩 넣어 잘 섞고 ②, ③, ④를 넣어 한데 섞는다.

양파 샐러드

■ 재료(2인분)

양파(大) ··························· 1개
가다랭이포, 간장 ··········· 적당량

❶ 양파는 세로로 이등분을 한 후 얇게 썬다.

❷ 물에 헹궈 손으로 꼭 짠다.

❸ 가다랭이포를 얹고 간장을 뿌린다.

부추 계란 볶음

■ 재료(2인분)

부추 ························· 1다발
계란 ························· 2개
식용유 ························· 1T
소금 ························· 약간
간장 ························· 1/2T

❶ 부추는 물에 씻어 밑동의 딱딱한 부분을 자르고, 3cm 정도로 자른다.

❷ 계란은 그릇에 깨뜨려 넣어 약간의 소금을 넣고 잘 풀어 둔다.

❸ 달군 프라이팬에 식용유를 두르고 강한불에 부추를 볶는다.

❹ ②의 계란을 한 번에 부어서 재빨리 섞고 간장을 뿌려 완성.

유채 어묵탕

■ 재료(2인분)

유채 ························· 1/2 묶음
어묵 ························· 2장
물 ························· 1/4컵
국수장국(시판품) ············ 1 1/2T

❶ 유채는 썩둑썰기를 하고, 어묵은 얇게 썬다.

❷ 내열 용기에 물과 국수장국을 넣고 유채와 어묵을 한데 섞어 랩을 씌워 5분 동안 가열한다.

참마 초무침

■ 재료(2인분)

참마 ······················· 150g
모듬 식초
　쌀식초 ······················· 1T
　설탕 ························· 1t
　묽은 간장 ···················· $1/2$t
　소금 ························ 약간
파래 ·························· 약간

❶ 참마는 껍질을 두껍게 벗기고 바로 식초물에 담근다.
❷ 참마를 굵게 채썰어 섞어둔 모듬 식초와 파래를 뿌린다.

치즈 과자

■ 재료(2인분)

파마산 치즈 ···················· 120g

❶ 테프론 가공 프라이팬을 달구고 (기름은 두르지 않음) 파마산 치즈를 얇게 편 후, 옅은 갈색이 될 때까지 굽는다.

❷ 랩의 심이나 밀대 등으로 뜨거울 때 ①을 말아 형태를 만든다.

❸ 먹기 좋은 크기로 찢어 그릇에 담는다.

명란젓 딥(Dip)* 소스

＊Dip : 크래커나 생야채 등을 찍어 먹는 크림 소스)

■ 재료(2인분)

마스카르포네(mascarpone,
　부드럽고 순한 크림치즈) ··· 50g
명란젓 ························ 30g
바게뜨빵 ······················ 60g

❶ 마스카르포네와 명란젓을 섞는다.

❷ 바게뜨빵을 얇게 썰어 오븐 토스터에 2~3분 간 굽는다.

❸ 구운 바게뜨빵을 그릇에 보기 좋게 담는다. ①을 그릇에 담아 바게뜨빵에 발라서 먹는다.

음주 후에 좋은 식사

새우 볶음밥

■ 재료(1인분)

돼지고기(편육)	20g
어묵	15g
생표고버섯	1장
파	1/5개
완두콩	5알
깐 새우	20g
계란	1개
식용유	적당량
밥	200g
진간장, 참기름	약간씩
A	
소금, 후추	약간씩
청주	1/2T

❶ 돼지고기, 어묵, 생표고버섯은 주사위 모양으로 자르고, 파는 다진다. 완두콩은 데쳐 놓고, 깐 새우는 등 내장을 떼고 미리 데쳐 놓는다.

❷ 그릇에 계란을 푼다. 프라이팬을 데워서 식용유를 두르고 푼 계란을 넣어 반숙이 됐을 때 밥을 넣는다.

❸ A를 넣고 풀어가면서 볶는다. 주걱으로 밥을 누르면서 잘 볶는다.

❹ ①의 재료와 미리 데쳐 놓은 새우를 넣고 더 볶는다. 프라이팬을 움직여 가면서 전체를 잘 섞어서 볶는다. 마지막에 진간장을 넣고 참기름을 떨어뜨려 향을 낸다.

게살 수프 덮밥

■ 재료(1인분)

볶음밥	
햄	1장
파	1/5개
완두콩	5알
식용유	적당량
계란 노른자	1개분
계란 흰자	1/2개분
밥	200g
A	
청주, 소금, 후추	약간씩
진간장, 참기름	약간씩

게살 수프	
게 살	25g
닭육수	3/4컵
소금, 후추	약간
청주	1T
설탕	약간
물녹말	적당량
계란흰자	1/2개분

❶ 햄은 사각형으로 자르고, 파는 다진다. 완두콩은 삶아 놓는다.

❷ 프라이팬을 데우고 식용유를 둘러 계란을 볶는다. 밥을 넣고 A로 조미하여 ①의 재료를 넣고 더 볶는다. 마지막에 진간장을 넣고 참기름을 떨어뜨려 향을 낸다.

❸ 게살은 풀고, 냄비에 물녹말, 계란 흰자 이외의 재료를 함께 넣어 펄펄 끓인다.

❹ 끓어오를 즈음 물녹말로 걸쭉하게 만들고 푼 계란흰자를 넣어 휘젓는다. 접시에 볶음밥을 담고 게살 수프를 뿌린다.

게살죽

■ 재료(1인분)

밥	한 공기
게(캔)	1/2캔
물	2 1/2컵
다시마	5cm
청주	1/2T
소금	1/3t
생강(小)	1/4쪽

❶ 분량의 물에 다시마를 담가 30분 정도 두고 그 사이 불에 올린다. 끓기 직전에 다시마를 꺼내고, 씻은 밥을 넣어 한 번 끓이고, 게를 넣어 한 번 더 끓인다.

❷ 그릇에 담고 채친 생강을 뿌린다.

쇠고기 볶음밥

■ 재료(1인분)

밥 ······················ 한 공기
얇게 썬 쇠고기 ············ 50g
실곤약 ···················· 1/4알
파 ························ 1/4개
생표고버섯 ················· 1장
간장 ······················· 2t
설탕, 청주 ··············· 1/4T씩
식용유 ···················· 1/2T
소금 ······················· 약간

❶ 쇠고기는 2cm 길이로 자르고, 실곤약은 강한불에 끓여 체에 건져 물기를 빼고 2~3cm 길이로 자른다.

❷ 파는 2cm 폭의 어슷썰기, 표고버섯은 대를 떼어내고 얇게 썬다.

❸ 중화 냄비에 간장, 설탕, 청주를 넣고 강한불에 끓여 고기, 실곤약, 파, 표고버섯을 넣는다.

❹ 다시 한 번 끓으면 약한불로 1~2분간 더 끓여 국물째로 꺼낸다. 중화 냄비에 식용유를 두르고 밥을 볶는다. 소금으로 간을 하여 ④를 국물째로 넣고 더 볶아서 전체에 간이 배게 한다.

도미 차즈케

■ 재료(1인분)

밥 ······················ 한 공기
도미(회) ··················· 50g
A
간장 ······················ 1/2T
간 깨 ····················· 1/2T
국
다시 ······················· 1컵
간장 ······················ 1/4t
맛술 ······················ 1/4t
소금, 김, 와사비 ·········· 약간씩

❶ 도미는 5mm 두께로 베어내듯 자르고 A에 담가 가볍게 주무른다.

❷ 그릇에 따뜻한 밥을 담고, ①의 도미를 올린다.

❸ 국을 끓여 소금으로 간을 조절하고 ②의 밥 위에 뿌린다. 김과 와사비를 곁들인다.

참깨 참치 덮밥

■ 재료(1인분)

밥 ······················ 한 공기
참치(회) ··················· 80g
흰깨 ······················· 1T
청주 ······················· 1t
간장 ······················· 1T
구운 김 ·················· 적당량

❶ 흰깨는 프라이팬에 고소한 향이 날 때까지 볶는다.

❷ 볶은 흰깨, 청주, 간장을 넣어 고르게 섞고 참치를 넣어 잘 섞는다.

❸ 대접에 따뜻한 밥을 담고 ②를 올려 구운 김을 뿌린다.

장어 덮밥

■ 재료(1인분)

장어(장어구이) ············ 1/2마리
장어구이 양념장(시판품) ···· 적당량
밥 ······················ 한 공기
산초가루 ··················· 약간
산초나무 순 ················ 약간

❶ 장어는 전자레인지에 데운다.

❷ 데운 장어를 한입 크기로 잘라밥과 섞고, 장어구이의 양념장을 넣어 섞어서 그릇에 담아 산초가루와 산초나무 순을 장식한다.

노자와나 베이컨 볶음밥

■ 재료(1인분)

밥 ························ 한 공기
노자와나(野澤菜, 아브라나과의 월년초)절임 ················ 15g
베이컨 ························ 1장
잔멸치 ························ 5g
완두콩 ························ 1t
식용유 ························ 1T
간장, 소금, 후추 ·········· 약간씩

❶ 노자와나, 베이컨은 1cm 폭으로 자르고, 완두콩는 수분을 뺀다.

❷ 중화 냄비에 식용유 1/2T를 데워 베이컨, 잔멸치를 넣고 약한불에 바삭해질 때까지 볶는다.

❸ 노자와나를 넣고 중간불에 더 볶아서 전체에 기름이 돌면 꺼낸다.

❹ 중화 냄비에 남은 식용유를 두르고 밥을 볶는다. 밥이 고슬고슬해지면 꺼내 둔 ③과 완두콩를 넣어 함께 재빠르게 볶고 소금, 후추, 간장으로 간을 한다.

닭죽

■ 재료(1인분)

닭(넓적다리 살) ············· 50g
생 표고버섯 ·················· 1장
당근 ························· 7g
파드득나물 ··················· 2개
밥 ························ 한 공기
다시 국물 ················ 1 1/4컵
소금 ························ 약간
진간장 ······················ 3/4t

❶ 닭고기는 주사위 모양으로 자르고 뜨거운 물에 데친다. 생표고버섯은 둥근 단면 썰기, 당근은 납작한 직사각형으로, 파드득나물은 3cm 길이로 자른다.

❷ 갓 지은 밥은 물에 씻어 찰기를 없앤다.

❸ 냄비에 다시를 넣고 소금, 진간장으로 간을 조절한다.

❹ 닭고기와 당근을 넣고 중간불에 올려 끓인다. 익으면 표고버섯을 넣고, 거품을 걷어낸다.

❺ ④에 밥을 넣고 한 번 끓이고 마지막으로 파드득나물을 넣는다.

치킨 데리야키 덮밥

■ 재료(1인분)

밥 ························ 한 공기
닭가슴살 ···················· 100g

밑간용

청주 ························ 1/2T
간장 ························ 1/2T
생강즙 ······················ 1t
식용유 ······················ 1T

양념장

맛술 ························ 1T
설탕 ························ 1T
간장 ························ 2T
볶은 흰깨 ··················· 약간

❶ 닭가슴살은 포크로 곳곳에 구멍을 내고 밑간용의 조미료를 뿌려 약 30분간 담가 놓는다. 도중에 한 번 뒤집는다.

❷ 프라이팬에 식용유를 두르고 물기를 뺀 닭고기를 굽는다. 닭고기의 표면이 노릇노릇해지면 불을 약하게 하고 양념장용의 조미료를 넣어 뚜껑을 덮고 중불에 약 7분 쪄서 익힌다. 닭고기가 속까지 익으면 뚜껑을 열고 국물이 잘 스며들도록 센불에 끓여 내어 먹기 좋은 크기로 자른다.

❸ 대접에 따뜻한 밥을 담고 남은 국물을 소량 뿌리고 ②의 닭고기를 얹어 흰깨를 뿌린다.

햄 볶음밥

■ 재료(1인분)

따뜻한 밥 ················ 한 공기
각종 야채 ················ $2^1/_2$T
햄 ······················· 1장
버터 ····················· $^1/_2$t
소금, 후추 ··············· 약간씩

❶ 햄은 사방 1cm 크기로 깍둑썰기 한다.

❷ 프라이팬에 버터를 녹여 각종 야채를 넣어 살짝 볶고 소금, 후추로 조금 진하게 간을 한다.

❸ 그릇에 따뜻한 밥을 넣고, 볶은 재료를 넣고 잘 섞는다.

마죽

■ 재료(1인분)

마 ······················· 100g
계란 노른자 ·············· 1/2개분
모듬 다시
다시 ····················· 1컵
청주 ····················· 1/4T
묽은 간장 ················ 1/4T
소금 ····················· 약간
식초물
물 ······················· 3/4컵
식초 ····················· 1t
실파 ····················· 소량

❶ 마는 껍질을 두껍게 벗기고, 바로 식촛물에 담근다.

❷ 마를 양념절구에 간 다음 계란 노른자를 넣어 나무공이로 잘 섞는다.

❸ 식은 모듬 다시를 조금씩 ②에 넣고 잘 섞는다.

❹ 그릇에 담고 둥글게 썬 실파를 뿌린다.

콩밥

■ 재료(1인분)

콩류 ····················· 50g
A
생강 ····················· $^1/_4$T
설탕 ····················· $^1/_4$T
소금 ····················· 약간
쌀 ······················· 1홉

* 물에 삶은 콩을 사용할 경우는, 조리법 ①~③을 생략한다.

❶ 콩류는 물에 씻어 물(콩의 3배 분량)에 3시간 이상 담가 놓는다.

❷ ①을 냄비에 넣고 끓인다. 그 물을 따라 내고, 다시 같은 양의 물을 넣고 불에 올린다.

❸ ②의 작업을 2번 반복하고, 불을 약하게 하여 뚜껑을 비스듬히 덮고 20~30분간 삶는다.

❹ A를 넣어 더욱 물러질 때까지 끓인다.

❺ 쌀을 씻어서 가득 담은 물에 30분 정도 담가 물기를 빼고, 같은 양의 물을 넣어 평소대로 밥을 짓는다.

❻ 밥이 지어지면 ④의 콩을 넣고 10분 정도 뜸들인다.

버섯밥

■ 재료(1인분)

밥 ······················· 한 공기
만가닥버섯 ················ $1/_3$팩
팽이버섯 ················ $1/_3$다발
생 표고버섯 ················ 1장
간장 ························ 1t

❶ 만가닥버섯과 팽이버섯은 밑동을 잘라내고, 작은 송이로 나눈다.

❷ 표고버섯은 대를 잘라내고 얇게 썬다.

❸ 버섯을 내열 용기에 넣고 간장을 뿌려 랩을 씌워 전자레인지에 1분 가량 가열한다.

❹ 그릇에 따뜻한 밥을 넣고 재료를 넣어 잘 섞는다.

연어와 오이 밥

■ 재료(1인분)

밥 ······················· 한 공기
연어(소금간 된 것) ········ $1/_2$토막
오이 ······················ $1/_4$개
깻잎 ························ 3장
레몬(통째 썬 것) ·············· 1장
소금 ························ 약간
레몬즙 ······················ 약간
볶은 흰깨 ·················· $1/_2$T

❶ 연어는 구워서 껍질과 뼈를 제거하고 살을 푼다.

❷ 오이는 얇게 어슷썰기한 후 가늘게 썰고 소금으로 비벼 물기를 짠다. 통째썰기한 레몬은 4등분한다.

❸ 그릇에 따뜻한 밥을 넣고 레몬즙을 뿌린다.

❹ 연어, 오이, 볶은 흰깨, 채 썬 깻잎을 넣고 잘 섞는다.

파드득나물과 계란죽

■ 재료(1인분)

파드득나물 ·················· 2개
생밀기울 ·················· $1/_4$개
밥 ······················· 한 공기
계란 ························ 1개
A
　다시 ······················ 1컵
　소금 ····················· $1/_4$t
　간장 ····················· $1/_2$t

❶ 파드득나물는 2cm 폭으로 자르고 생밀기울은 5mm 두께로 자른다.

❷ 밥은 체에 넣고 물로 씻어 찰기를 없애고 물기를 잘 뺀다.

❸ 냄비에 A를 넣고 펄펄 끓여 밥과 밀기울을 넣고 한 번 더 끓인다.

❹ 푼 계란을 돌려 뿌리고 파드득나물을 뿌려 넣어 계란이 반숙 상태가 되면 불을 끈다.

양배추와 표고버섯 볶음 우동

■ **재료**(1인분)

데친 우동 ·················1사리
양배추 잎 ··················2장
표고버섯 ···················2장
베이컨 ······················2장
식용유 ······················1T
청주 ························1/2T
간장 ·························1T
소금 ·························약간
검은 후추 ··················약간

❶ 양배추는 사방 3cm 크기로 네모썰기한다. 심은 깎듯이 얇게 자른다. 표고버섯은 대를 떼어내고 5mm 두께로 자른다. 베이컨은 1cm 폭으로 자른다.

❷ 우동은 풀어지기 쉽도록 봉투째로 전자레인지에 1분 정도 데워 놓는다.

❸ 냄비에 기름과 베이컨을 넣어 볶고, 베이컨에서 기름이 나와 바삭바삭해지면 양배추, 표고버섯을 넣는다.

❹ 기름이 전체적으로 퍼지면 청주와 간장을 넣고 데친 우동을 넣는다.

❺ 강한불에 전체를 볶고 소금, 검은 후추로 간을 조절해 접시에 담는다.

봉골레 토마토 소스 스파게티

■ **재료**(1인분)

스파게티 ···················80g
모시조개(껍질째) ·····1/2팩(800g)
마늘·························1/4편
붉은 고추 ··················1/2개
올리브 ······················1/4T
화이트 와인 ················1T
파슬리 다진 것 ············1/4T
바질잎 ······················1장
소금 ························적당량

토마토 소스
　토마토 페이스트 ···········50g
　마늘 ·······················약간
　올리브오일 ················1/4T
　소금, 후추 ················약간

❶ 모시조개는 30분 정도 물에 담가 소금기를 빼고 껍질과 껍질을 서로 비벼가며 씻는다.

❷ 붉은 고추는 씨를 빼고 잘게 다진다. 토마토 소스를 만든 다음 마늘은 잘게 다지고 토마토는 손으로 으깬다.

❸ 냄비에 올리브오일과 마늘 1쪽분을 넣고 중간불에 볶아 마늘향이 나면 토마토와 물 1컵(분량 외)을 넣고 소금, 후추를 뿌려 20분간 끓인다.

❹ 물을 끓여 소금(물 2~3리터당 1T)을 넣고 봉투에 기재되어 있는 시간보다 2분 적게 스파게티를 데친다.

❺ 프라이팬에 마늘, 붉은 고추, 올리브오일을 넣고 약한 불에 볶아 마늘이 노릇노릇해지면 모시조개, 화이트 와인을 넣는다.

❻ 껍질이 열리면 ③의 토마토 소스를 넣고 스파게티, 파슬리, 채 썬 바질잎을 넣고 재빠르게 섞는다. 소금으로 간을 맞추어 담는다.

돼지고기볶음 국수

■ **재료**(1인분)

볶음국수 ···················1사리
돼지고기(간것) ·············50g

A
　간장, 청주 ··············1/2t 씩
　후추 ·······················약간

유채 ························1/2다발
양파 ························1/2개
저민 생강 ···················1장
뜨거운 물 ···················1컵
굴소스 ······················1/2T
간장, 식용유 ···············1T 씩
소금, 후추 각 ·············약간씩

❶ 돼지고기는 A로 밑간을 해 둔다.

❷ 유채는 씻어서 5cm 길이로 자른다. 양파는 세로로 반 자르고 5mm 폭으로 자른다. 생강은 채 썬다.

❸ 달군 중화 냄비에 기름 1/2T를 둘러, 유채와 약간의 소금을 넣고 볶다가 뜨거운 물을 넣고 끓인다. 색이 선명해지고 숨이 죽으면 체에 거른다.

❹ 중화 냄비에 기름 1/2T을 둘러, 생강, 고기를 넣고 볶는다. 고기 색이 변하면 양파, 볶음국수(손으로 풀어가며 넣는다), 굴소스, 간장, 후추 순으로 넣고 강한불에 볶는다. 유채를 넣고 한 번 볶아 접시에 담는다.

깨 스파게티

■ 재료(1인분)

링귀니 ···················· 100g
줄콩 ························ 6장
샐러리 ················· $^1/_4$개
오이 ··················· $^1/_2$개
햄 ························· 1장
토마토 ················· $^1/_2$개
소스
흰깨 페이스트 ·············· 1T
간장 ················· $1^1/_2$T
식초 ··················· $^1/_2$T
참기름, 식용유 ·········· $^1/_2$T
라유 ················· 적당량

❶ 소스의 재료를 합쳐 둔다.

❷ 물을 끓여 소금(물 2~3리터당, 1T)을 넣는다. 링귀니는 반으로 접어 조금 무르게 데쳐 물에 넣어 식히고 물기를 뺀다.

❸ 줄콩은 심줄을 떼고 소금물에 데쳐 반으로 자른다.

❹ 샐러리, 오이는 얇게 썰고, 햄이나 토마토도 같은 정도의 크기로 자른다.

❺ 토마토 이외의 재료를 모두 한데 섞고, 마지막으로 토마토를 넣어 가볍게 버무려 그릇에 담는다.

나메코버섯 국수

■ 재료(1인분)

국수 ···················· 1사리
무 간 것 ·················· 2cm
나메코버섯 ············· $^1/_2$팩
잘게 썬 파 ················· 1T
A
다시 ······················ 1컵
청주, 맛술 ··············· 1T씩
간장 ······················· 1T

❶ 냄비에 A를 넣고 끓으면 익힌 국수에 붓는다.

❷ ①을 그릇에 담고 무 간 것, 나메코버섯, 잘게 썬 파를 올린다.

양파 스파게티

■ 재료(1인분)

파지리코 잎 ················ 5장
건조 토마토 ················ 2개
안초비(캔, 멸치 올리브오일 절임)
·························· 2개
마늘 ·················· $^1/_2$편
올리브오일 ················· 2T
양파(小) ··············· $^1/_2$개
화이트 와인 ············ $^1/_4$컵
검은 후추 ················· 약간
스파게티(두께 1.6mm) ····· 80g

❶ 마늘은 잘게 다지고, 양파는 얇게 썬다. 파지리코 잎은 채 썰고, 건조 토마토는 폭 1cm로 자른다.

❷ 프라이팬에 올리브오일 마늘을 넣는다.

❸ 마늘이 엷은 갈색이 될 때까지 약한불에 천천히 볶고, 거기다 양파를 넣고 투명한 황갈색이 될 때까지 1시간 볶는다.

❹ ③에 파지리코, 건조 토마토, 화이트 와인, 검은 후추를 넣고 안초비를 넣는다.

❺ 약한불에 걸쭉해질 때까지 익히고, 도중에 파스타 데친 국물을 넣고 전체를 매끈매끈하게 한다.

❻ 스파게티면을 익힌다.

❼ ⑤의 소스를 그릇에 옮겨 익힌 스파게티면을 넣고 섞어 접시에 담는다.

팽이버섯 우동

■ 재료(1인분)

어묵 ···························$1/4$장
실파 ···························1개
우동 ···························1사리
팽이버섯(병조림) ············$1/4$개
A
다시 ···························1컵
청주 ···························1T
맛술, 묽은 간장 ·········$1/2$T 씩
소금 ···························약간

❶ 어묵은 주사위 모양으로 자르고, 실파는 1.5cm로 자른다.

❷ A와 어묵을 냄비에 넣어 끓인다.

❸ 익힌 우동을 그릇에 담고 ②를 붓는다.

❹ 팽이버섯과 실파를 올린다.

모시조개 스파게티

■ 재료(1인분)

올리브오일···················1T
마늘 다진 것·················1t
붉은 고추(씨 뺀 것) ·········1개
모시조개·····················300g
안초비 페이스트 ········3cm 분
화이트 와인 ··················2T
후추 ·························약간
파슬리 다진 것···········적당량
파스타(페델리니) ···········80g

❶ 프라이팬에 올리브오일, 마늘, 붉은 고추를 넣고 약한불에 천천히 볶는다.

❷ 모시조개, 안초비 페이스트를 넣는다.

❸ ②에 화이트 와인, 후추, 파슬리를 넣어 뚜껑을 덮고 프라이팬째로 흔들어 섞는다.

❹ 뜨거운 물 1리터에 소금 3g을 넣은 냄비에 파스타를 데쳐 ③의 모시조개의 입이 벌어져 수분이 나오면 파스타를 넣는다.

❺ 파스타에 소스를 뿌리고 후추로 간을 조절한 다음 파슬리를 세 손가락으로 집은 양만큼 넣어 섞는다.

❻ 그릇에 담고 모시조개를 균형있게 장식하며 파슬리를 조금 뿌린다.

바질 파스타

■ 재료(1인분)

링귀니 ·······················80g
페이스트 제노베제 ···········4T
올리브유 ······················1T
가루 치즈·····················$1/2$T
바질 ······················적당량
페이스트 제노베제
바질·························40g
마늘 ························$1/2$편
올리브유 ···················$3/4$컵
가루 치즈 ···················15g
잣, 호두 ················1T 씩
소금, 검은 후추·········약간씩

❶ 마늘은 잘게 다지고 잣, 호두는 180도의 오븐에 3~4분 동안 굽는다.

❷ ①과 바질, 가루치즈, 소금, 후추를 믹서에 넣고, 올리브오일를 넣는다.

❸ 믹서에 갈아 고운 페이스트 상태로 만든다.

❹ 그릇에 ③을 4T, 분량의 올리브오일을 넣고익힌 링귀니, 가루치즈를 넣고 전체를 버무려 접시에 담고 바질로 장식한다.

크림 소스 버섯 파스타

■ **재료(1인분)**

버섯(양송이, 만가닥 버섯, 잎새 버섯 등) ······ 50g
마늘 ······ 1/3쪽
파 ······ 5cm
펜네 ······ 70g
올리브오일 ······ 1/2T
화이트 와인, 물 ······ 1 2/3T 씩
생크림 ······ 2 2/3T
소금, 후추 ······ 약간
실파(송송 썬 것) ······ 1/2T
검은 후추 ······ 약간

❶ 버섯은 밑동를 떼고 잘 짠 종이타올로 불순물을 닦아낸다. 대 끝의 딱딱한 밑동은 잘라내고 얇게 썬다. 마늘은 다진다. 파는 1cm 길이로 짧게 썬다.
❷ 파스타용의 물을 끓여 짜다고 느낄 정도의 소금(물 2~3리터에 1T)을 넣고 봉투에 쓰여 있는 시간보다 2분 적게 펜네를 익힌다.
❸ 프라이팬에 올리브오일과 마늘을 넣는다. 향이 나면 파, 버섯을 넣고 볶고, 기름이 퍼지면 화이트 와인, 물을 넣어서 소금, 후추를 뿌려 끓인 국물이 1/3이 될 때까지 조린다.
❹ 생크림을 넣고 반으로 조린 후, 소금물에 데친 펜네를 넣고 간을 조절한다.
❺ 그릇에 담아 실파와 검은 후추를 뿌린다.

계란과 콘 스프

■ **재료(1인분)**

바지락 ······ 50g
햄 ······ 1/2장
계란 ······ 1/2개
콘크림(캔) ······ 70g
물 ······ 1컵
고형 스프가루 ······ 1/2개
청주 ······ 1T
소금 ······ 적당량
후추 ······ 약간
참기름 ······ 약간
물녹말
녹말가루 ······ 1t
물 ······ 1/2T

❶ 바지락은 껍질을 비벼 문질러서 잘 씻는다. 햄은 잘게 다진다.
❷ 냄비에 물과 고형 수프가루를 넣고 펄펄 끓이다가 청주를 넣는다. 바지락을 넣고 다시 끓으면 거품을 걷어 낸다.
❸ 콘을 넣고, 소금과 후추로 간을 조절하면서 물녹말로 걸쭉하게 만든다.
❹ 잘 푼 계란을 부어 넣고, 젓는다.
❺ 위에서 햄을 뿌리고 마지막으로 참기름을 떨어뜨려 그릇에 담는다.

산채와 죽순 스파게티

■ **재료(1인분)**

스파게티 ······ 80g
산채(물에 끓인 것) ······ 50g
죽순(물에 끓인 것) ······ 40g
마늘 ······ 1/2쪽
식용유 ······ 1/2T
참기름 ······ 1/4T
간장 ······ 1/2T
소금, 후추 ······ 약간씩

❶ 죽순은 얇은 직사각형으로 자른다. 마늘은 다진다.
❷ 산채는 씻어서 물기를 뺀다.
❸ 물을 한가득 끓여 소금(물 2~3리터에 1T)을 넣고, 봉투에 쓰여 있는 시간보다 2분 적게 스파게티를 익힌다.
❹ 프라이팬에 식용유, 참기름과 마늘을 넣어 볶고 향이 나면 산채와 죽순, 간장을 넣는다.
❺ ④에 데친 스파게티를 섞어 소금, 후추로 간을 조절한다.

양배추 스파게티

■ 재료(1인분)

스파게티 ···················· 80g
양배추 잎 ···················· 1장
마늘 ························ 1/2편
안초비* ······················ 2개
올리브오일 ··················· 1T
소금, 후추 ················ 약간씩

* 안초비 ; 캔, 멸치, 올리브오일 철임.

❶ 마늘, 안초비는 다진다. 양배추는 3cm 네모로 자른다.

❷ 물을 한가득 끓여 소금(물 2~3리터에 1T)을 넣고, 스파게티를 잘랐을 때 가운데 심이 남을 정도로 소금물에 데친다.

❸ 프라이팬에 마늘, 안초비, 올리브오일을 넣고 불에 올린다. 향이 나면 양배추를 넣는다.

❹ 기름이 돌면 데친 국물을 한 국자 정도 넣고 볶아서 양배추가 숨이 죽으면 스파게티를 신속하게 넣고 소금, 후추로 간을 한다.

미네스트로네 수프

■ 재료(1인분)

A
- 양배추 ················ 1/2장
- 양파 ·················· 1/4개
- 당근, 샐러리 ········· 각 10g
- 감자(小) ·············· 1/2개

마늘 ······················ 1/2편

B
- 고형브이욘 ·············· 1개
- 물 ······················ 1컵
- 토마토 ················· 1/2개
- 소금, 후추 ············ 약간씩

올리브오일 ················· 1T
파마산 치즈 ················ 1T

❶ 냄비 한가득 물을 끓인다.

❷ A를 1cm 크기로 네모썰기한다. ①의 냄비에 토마토를 넣고 살짝 데쳐 껍질을 벗긴 후 사방 1cm 크기로 깍둑썬다.

❸ 마늘을 으깨어 냄비에 넣고 올리브오일을 넣어 A와 함께 볶는다.

❹ ③에 B를 넣고 10분간 끓인다. 10분이 지나면 파마산 치즈를 넣고 한 번 더 끓인다.

바지락 수프

■ 재료(1인분)

바지락(껍질째) ············ 70g
마늘 ······················ 1편
생강 ······················ 5g
파 ························ 4cm
중화 스프 ················· 1컵
붉은 고추 ················ 1/2개

A
- 간장 ··················· 1/4T
- 소금, 후추 ············ 약간씩

참기름 ··················· 1/3t

❶ 바지락은 모래를 빼고, 물에 잘 씻어 둔다.

❷ 마늘은 얇은 껍질이 붙어 있는 채로 오븐토스터에 조금 탈 정도로 굽는다.

❸ 생강은 채 썰고, 파는 얇게 어슷썰기 한다. 붉은 고추는 씨를 빼고 통째썰기를 한다.

❹ 달군 냄비에 참기름을 두르고 생강, 파를 먼저 볶고, 바지락을 넣어 함께 볶는다.

❺ 바지락의 입이 조금 열리기 시작하면 수프를 넣어 강한 불에 올린다. 한 번 끓으면 거품을 걷어내고 약한 불로 하여 ②와 붉은 고추를 넣고 5~6분 더 끓여 A로 간을 한다.

토마토 밥

■ 재료(1인분)

식은 밥 ·················· 한 공기
토마토(小) ·················· 1개
버터 ·························· 1t
소금 ························ 약간

❶ 토마토는 껍질을 벗기고 가로로 반을 잘라 씨를 빼내고 사방 1cm 크기로 깍둑썬다.

❷ 내열 용기에 식은 밥을 넣고 토마토, 버터를 얹어 랩을 씌우고 전자레인지에 1분 30초 동안 가열한다.

❸ 가열이 다 되면 약간의 소금을 뿌리고 잘 섞는다.

고기 경단 수프

■ 재료(1인분)

청경채 ······················ 1장
당면 ························ 5g
마른 표고버섯 ·············· 1/2장
닭육수 ···················· 3/4컵
소금, 후추, 간장 ·········· 약간씩
고기 샤오마이의 속재료 ······ 약간

❶ 청경채는 소금물에 데치고, 먹기 쉬운 크기로 자른다. 당면은 데쳐서 불려 둔다. 표고버섯은 물에 불려 미리 데치고, 깎아내듯 자른다.

❷ 수프를 냄비에 넣고 중간불에 끓이고 소금, 후추, 간장으로 간을 조절한다.

❸ 샤오마이의 속을 숟가락으로 떠서 경단 모양으로 만들어 냄비에 넣는다.

❹ ③에 ①을 넣고 끓인다. 고기 경단이 익으면 그릇에 담는다.

당면과 채소를 넣은 매콤한 수프

■ 재료(1인분)

당면 ························ 20g
표고버섯 ···················· 1개
A
　파 ······················ 1/6개
　생강 ······················ 약간
　청경채 ·················· 1/2개
B
　닭육수 ···················· 1컵
　고추기름, 청주, 간장, 소금
　························ 약간씩
녹말가루 ·················· 적당량
붉은 고추 ·················· 1개

❶ 당면은 물에 불리고 표고버섯은 얇게 자른다. 청경채는 세로 반을 자른다.

❷ A를 다져서 볶고 B로 간을 한다.

❸ ②에 ①을 넣고 물녹말을 넣어 걸쭉하게 만든다. 그릇에 담고 고추를 곁들인다.

페스카토레

■ 재료(1인분)

스파게티(가는 것)	80g
마늘	1/2편
붉은 고추	1개
올리브오일	1 1/2T
파슬리(다진 것)	적당량
소금, 후추	약간씩

❶ 마늘은 반으로 나누어 얇게 썰고, 붉은 고추는 씨를 뺀다.

❷ 올리브오일을 두른 프라이팬에 ①을 넣고 약한불에 볶는다.

❸ 마늘이 노릇노릇해지기 시작하면 파슬리를 넣고, 마늘이 타지 않도록 프라이팬을 젖은 행주 위에 올려 온도를 낮춘다.

❹ 익힌 스파게티를 체에 건져 물기를 빼고 프라이팬에 넣어 살짝 버무린 후 소금, 후추로 간을 한다.

청경채 마늘 수프

■ 재료(1인분)

청경채	1포기
마늘	1/2편
양파	1/8개
베이컨	1장
야채 스프 스톡	1/2개
소금, 후추	적당량
식용유	1t

❶ 청경채는 줄기와 잎을 나눠 먹기 좋은 크기로 자르고, 마늘은 다지고, 양파는 얇게 썬다.

❷ 냄비에 식용유를 두르고 마늘, 양파, 먹기 쉬운 크기로 자른 베이컨을 볶는다.

❸ ②에 물 2컵과 수프 스톡을 넣어 펄펄 끓이고 거품을 걷어낸다. 줄기, 잎의 순으로 넣어 3~5분간 끓이고 소금과 후추로 간을 한다.

닭고기와 파드득나물 섞은 밥

■ 재료(1인분)

밥	한 공기
양념(닭을 토란, 당근, 우엉, 곤약 등과 함께 기름에 볶아 진하게 간을 한 것)의 닭고기	2~3개
파드득나물	2~3개
볶은 흰깨	약간

❶ 치쿠젠니에서 닭고기를 꺼내 잘게 자른다.

❷ 파드득나물은 랩으로 싸서 전자레인지에 30초 동안 가열하여 잘게 썬다.

❸ 그릇에 따뜻한 밥을 넣고 닭고기, 파드득나물, 볶은 흰깨를 넣고 잘 섞는다.

바쁜엄마의 간편요리 ❸ 웰빙 안주백과

2010년 3월 25일 초판 인쇄
2010년 4월 1일 초판 발행

옮긴이 정 진 구
펴낸이 주 병 오

펴낸곳 지구문화사
JIGU PUBLISHING Co.

경기도 파주시 교하읍 문발리
파주출판문화정보산업단지 518-2
영업부 (031) 955-7566·7577
편집부 (031) 955-7731
FAX (031) 955-7730
E-mail jigupub@hanmail.net
홈페이지 http://www.ji-gu.co.kr

출판등록 1979년 7월 13일 제 57-1 호

ISBN 978-89-7006-414-7 값 12,000 원